KB188621

내성적이지만
말 잘하고 싶습니다

내성적이지만
말 잘하고 싶습니다

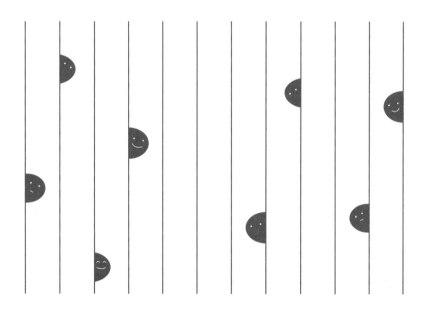

조현지 지음

빅마우스

말하기 성장판이 열리다

사람들 앞에서 말할라치면 한순간 블랙아웃되듯 생각이 싹 다 날아가는가? '내 말을 상대가 어떻게 해석하고 받아들일까?' 하는 걱정 때문에 말이 제대로 안 나오는가? 좀 더 주체적으로 내 생각과 말을 표하고 싶지만, 상대와의 갈등을 피하고자 수긍으로 기우는 수동적 말하기를 빈번히 하는가? 사람들과 어울려 소통하기보다는 집에서 시간을 보내며 사색하는 것이 더 즐겁고 편안한가? 어찌 됐든 지금보다 더 말 잘하고 싶은가? 그렇다면 축하한다. 말 잘하고 싶은 의욕(손톱만큼이어도 좋다. 있다는 게 중요하다)을 가지고 있다는 뜻이니까. 이 책을 통해 말 잘하게 될 것이니까. 단언컨대 이 책을 펼치고 관심 있게 보는 지금이 말하기 성장판이 열릴 최적의 시기다.

잠깐 내 이야기를 하자면, 나는 원래 내향적 성격의 소유자다. 그러다 보니 사람들 앞에서 말한다는 것은 공포 그 자체였다. 그랬던 내가 지금은 말로 먹고산다. 지난날, 남들 앞에서 말하는 것을 피하고 싶을 때가 많았다. 그런데 신기하게 그 시기를 잘 견디고 나니, 말하는 태도, 말하는 방법, 말 잘하는 기술 등 말하기 역량의 성장을 온몸으로 느낄 수 있었다. 그리고 생각하지 못한 삶이 펼쳐졌다. 지금은 안다. 말할 때 하기 싫은 그 순간을 견디고 용기 있게 입을 떼는 것이 얼마나 중요한지 말이다.

'회복 탄력성'이라는 말이 있다. 이는 실패나 부정적인 상황을 극복하고 원래의 안정된 심리적 상태를 되찾는 성질이나 능력을 말한다. 같은 맥락으로, 말하기에는 '성장 탄력성'이 있다. 말하기의 어려움을 극복할 뿐 아니라 그것을 넘어서 성장을 경험할 수 있다. 그 순간이 힘들면 힘들수록 실력이 올라가고 말하기가 단단해진다. 말하기는 연습한 시간만큼 는다. 간절함의 강도에 따라서 임계점을 돌파하는 속도가 빨라진다. 그동안 나는 많은 수강생을 봐왔다. 간절하게, 어려운 상황을 돌파할 때 말하기 실력이 는다는 사실을 경험으로 확인했다. 말하기가 부끄럽다 못해 두려웠던 그들은 이제 각자의 영역에서 강력한 영향력을 발휘하고 있다. 물론 나도 그중 한 명이다.

말하기는 안전한 자기 영역에 균열이 생기고 불안하고 불편할 때, 말하기 성장판이 열리면서 실력이 향상된다. 나의 지난날로 확인해 줄 수 있다. 대학 졸업 후 방송인을 준비하면서 끊임없이 나를 잘 보여줄 말을 해야 했다. 방송인이 된 뒤, 게시판에 MC 교체를 요구하는 말폭탄들을 받아내며 방송을 지속해야 했다. 내가 계약한 고객사가 아닌, 강연 진행 실무진에게 "이대로라면 내년 교육 계약이 어렵습니다"하는 말을 들으면서 다음 날 강의를 해야 했다. 시간과 에너지를 많이 투자한 박사 논문의 통과가 어렵다는 말을 듣고 심사위원들을 설득해야 했다. 선거 연설자로서 마이크를 잡고 반대 진영의 살벌한 비난과 비판을 쳐내며 지지 후보를 빛내는 말을 해야 했다. 말해야 하는 그 모든 순간 정말 도망가고 싶었다. 그럼에도 그 순간 물러서지 않고 과감히 입을 뗐었고, 이로 말미암아 나의 말하기는 성장을 거듭했다.

가장 힘들고 피하고 싶은 그 무엇으로 말미암아 모든 것이 불균형해진 상태는 개선하려는 의지와 실행력으로 얼마든지 균형상태로 맞출 수 있다. 말하기 문제에서 나에게는 그 어려운 순간을 이겨낼 힘이 있었고 균형을 이루고자 하는 의지가 있었다. 우리 모두에게는 그런 힘이 있다. 포기하지 않고 도망가지만 않으면 된다.

말하기가 어려우면 피하게 되고, 그러면 더 두려워지게 마련이다. 그 불편과 불안을 견뎌내고 과감히 마주하자. 말하기 역경이 닥쳐왔을 때, 유리구슬처럼 쉬이 깨지지 말고 다이아몬드처럼 더 단단하고 당당하게 자신을 표현하자. 하다 보면 누구나 말 잘할 수 있다. 이것이 이 책을 집필한 목적이다.

10여 명의 중소기업 사장들을 심층 인터뷰한 적이 있는데, 그들은 하나같이 사업 실패 후 필사적으로 일어나 성공을 거둔 사람들이었다. 나는 그들과 대면하면서 어떻게 인생 역경을 이겨내고 다시 성장했는지 연구했다. 그들에게서 인지적, 정서적, 행동적 긍정성이 발견되었는데, 이는 긍정적 자아개념, 정서적 안녕감(정서적 편안함), 긍정적 자기표현의 긍정 커뮤니케이션이었다. 그것들 내에 하위 요소들이 상호작용하면서 그들은 기업의 대표로서, 한 인간으로서 성장했다.

막막하고 절박한 상황에서 그들이 어떻게 삶의 희망을 품고 재기할 수 있었는지 한 가지로 정의하긴 어렵다. 다시 회복하고 성장하는데 여러 요소가 작동했겠지만, 나에게 제일 인상적이었던 것은 바로 자아커뮤니케이션(자신과의 대화)이었다. 인터뷰어 모두에게 위기와 역경을 이겨내는 첫 번째 단계는 멈추고 알아차리는 자기 대화 시간을 가지는 것이었다. 그들은 멈추고 과거와 현재에 대해 이해하고 자신을 받아들였다. 그리고 모든 일의 원인을 자신에게 돌렸다. 《논어》에서 '군자는 일이 잘못되면 원인을 자신에게서 찾고 소인은 남 탓을 한다'고 했다. 그들은 끊임없이 자신과 대화했고, 내부로 원인을 돌리면서 긍정적인 변화를 이끌었다. 바뀌지 않는 타인 혹은 상황이 아닌, 바꿀 수 있는 자신에게 집중했다. 그 결과 마음이 바뀌었고, 생각이 바뀌었고, 행동이 바뀌었다. 그렇게 그들은 더욱 단단한 자신으로 거듭나며 일어났다. 결국 역경을 이겨내는 첫 단추는 자신이었다.

말하는 과정도 마찬가지다. 자신을 이해하고 자기 대화 시간을 가지는 것이 먼저다. 즉, 자기 인식과 성찰을 통해 말하기의 힘듦을 극복하고 말하기의 기본 태도를 확고히 해야 한다. 자기 인식과 성찰은 용기 있게 입을 떼도록 해준다.

이 책은 '타인에게 잘 보이는 말하기'보다는 '자신과의 대화'를 통해 말할 자격이 있는 나를 발견하고, 당당히 사람들에게도 표현할 수 있는 '나를 위한 말하기' 훈련 가이드다. 그 말하기 성장을 위해 이 책은 총 5단계로 구성했다.

1단계는 내면의 나와 말하는 것, See(내면 관찰하기)이다. 멈추고 나를 알아차리는 데 역점을 두었다.

2단계는 표현을 실행하는 것, Practice(혼잣말 실행하기)이다. 먼저 셀프 토크를 통해 말하기를 마스터하도록 유도했다. 한마디로 말하기와 친해지면서 나를 수용하고 길들이는 단계다.

3단계는 용기 있게 타인과 소통을 시작하는 것, Express(타인에게 표현하기)다. 말하는 데 떨리는 마음을 극복하고 다른 사람들에게 말을 더 잘할 수 있도록 하는 표현법을 다루었다.

4단계는 상황별 말하기 대처법으로, Attention(주의 사로잡기)이다. 숨 막히는 떨림을 흘려보내고 사람들의 주의를 사로잡을 기법과 말하기 스킬들을 정리했다.

5단계는 지속적인 성장을 위한 도구로, 1~4단계를 계속 반복하는 Keep(지속하기)이다. 말하기를 체계적으로 할 수 있도록 단계별 훈련법을 담았다. 주먹구구식으로 성장한 나의 말하기와 그동안 함께 성장한 수강생들의 말하기로 효과를 본 방법들을 체계적으로 소개했다.

당신은 내향적인가, 내성적인가? 흔히 내성과 내향은 그 맥을 같이하는 것처럼 보인다. 하지만 이 둘은 다소 차이가 있다. 내성적이라는 것은 겉으로 드러내지 않고 마음속으로만 생각하는 성향이고, 이런 성향의 이들은 자기 의견을 표현하거나 주목받는 일을 힘들어하기에 소극적인 태도를 보인다. 내향적이라는 것은 외면적인 면보다는 내면적인 면을 추구하는 성향으로, 이런 성향의 이들은 사람들과 어울리면서 에너지를 얻기보다 자신의 생각과 감정, 내면을 중시하는 태도를 보인다. 그런 만큼 소수의 절친과 깊은 관계 맺기를 선호한다.

내향적이라고 반드시 내성적인 것은 아니고, 내성적이라고 해서 내향적인 것도 아니다. 또한 상황에 따라서도 성향은 달라질 수 있다. 나는 내향적이면서 내성적인 사람이었다. 지금도 종종 이 양면을 오간다. 다만 내성적이었지만 사회적 학습과 경험으로 사람들 앞에서서는 것이 그리 두려운 일이 아닐 정도의 외향성이 생겼다. 물론 혼자 있는 시간이 좋고 내면세계에 집중하는 것을 즐긴다. 깊이 있는 소수의 관계가 내 삶에 훨씬 만족감을 준다. 조용하고 평화로운 환경을 선호하며 사회성이 좋지만, 많은 사람과 함께하고 나면 에너지를 채우는 시간이 필요하다. 이 책을 통해 내향적 성향을 인정하면서 내성적 성향을 극복하고 사람들 앞에서 말 잘할 수 있다는 사실을 알려주고 싶다. 그래서 말 잘할 수 있도록 돕고 싶다.

스피치 스터디를 할 때 오픈채팅방에 매일 올리는 톡이 있다. 오픈채팅봇이 정오에 말을 건다.

'스피치에 신경 쓰는 하루 되세요'

힘들어도, 어려워도 말하기에 주의를 기울이자. 그 순간, 말하기 성장판이 활짝 열릴 것이다. 주의를 기울이는 것만으로도 분명 달라진다. 이왕이면 따뜻한 시선으로 주의를 기울이면 더 좋겠다. 말하기에 주의를 기울이고, 떨리지만 말 잘하고 싶은 자신에게 따뜻한 격려를 보내며 스스로 성장하자.

말하기의 성장판을 열고, 좀 더 단단히 '나답게' 말할 수 있기를 진심으로 응원한다. 이 책이 내향적인 혹은 내성적인 당신에게 말 잘할 수 있는 기막힌 치트키를 제공할 것이다.

조현지

PROLOGUE

STEP 1

See 내면 관찰하기
내면의 목소리: 이제는 멈추고 알아차려 줄래?

STEP 2

Practice 혼잣말 실행하기
셀프 토크 마스터: 나를 수용하고 길들이기

STEP 3

Express 타인에게 표현하기
타인과의 연결: 말하기는 떨리지만, 말 잘하고 싶다!

STEP 4

Attention 주의 사로잡기
상황별 말하기 대처법: 숨 막히는 두려움을 흘려보내고

STEP 4 TRAINING   234

STEP 5

Keep 지속하기
지속적인 성장을 위한 도구: 말하기 성장 탄력성

STEP 5 TRAINING   284

EPILOGUE
나답게 말하기   300

See

내면 관찰하기

내면의 목소리
: 이제는 멈추고 알아차려 줄래?

5-Step Speaking Growth Training Guide

어릴 적 영어 시간에 'I see'를 '이해하다'라고 해석하는 게 이상했다. 그대로 해석하면 '나는 본다'라는 뜻인데 말이다. 최근 코치의 삶을 살아가면서 'see'의 의미를 새삼 되새기곤 한다. 그 사람 자체를 보는 것과 이해하는 것이 같은 의미이며 그게 얼마나 중요한지 말이다. 다른 사람을 보고 이해하는 것에 앞서 먼저 나를 보고 나를 이해할 수 있어야 한다.

말하기는 타인 중심이어야 한다는 말은 맞다. 상대의 목적에 맞게, 잘 소통할 수 있어야 하며 타인 중심으로 말해야 한다. 그런데 결국 말은 주고받는 것이다. 상대에게 전적으로 맞추면 분위기는 좋아질 수 있겠지만, 자신이 진짜 하고 싶은 이야기를 못 하게 되는 불이익이 뒤따른다. 그러므로 말하기에 앞서 나에 대해 이해하는 작업부터 해야 한다. 우선 모든 말하기의 기본은 내면 관찰하기부터다. 그래야 좀 더 나답게, 용기 있게 나를 표현할 수 있기 때문이다. 모든 말하기의 기본인 말하기 성장 5단계 훈련 가이드의 첫 번째는 See(내면 관찰하기)다.

이 장을 통해 나라는 존재를, 존재만으로도 빛나는 수많은 나 자신의 이야기에 귀 기울이며 나를 이해하는 시간을 갖자. 잠깐 멈추고서.

01

새벽 5시,
나와의 대화

현대 사회는 끊임없이 움직이며 급변하고 있다. 가만히 있으면 큰일날 것 같다. 이른바 100세 시대가 되면서 계속 직업을 찾아야 하는 분위기가 무르익고 있다. N잡(job) 시대에 접어들다 보니 본업 외 여러 가지 일을 하는 사람들도 쉽게 볼 수 있다. 온라인 모임 한두 가지는 해야 할 것 같고, 나를 알릴 SNS 활동은 기본이다. 유튜브 채널 하나쯤 있으면 더 좋다. 더 활동하고 더 많은 것을 성취해야 하는 압박감을 느낀다. 100세 시대이니 지금부터 제2의 일도 계획하고 시작해야 한다. 그러니 바쁠 수밖에 없고, 수많은 비교 속에서 숨 쉬는 시간조차 편안하게 갖지 못할 판이다. SNS 피드에는 왜 그토록 잘 살고 예쁘고 행복해 보이는 사람들 소식들만 올라오는지, 자꾸 나 자신과 비교하게 된다. 주변의 시선과 소음에 신경 쓰다 보니, 나를 돌아볼 여유가 없다. 잠시 멈추는 것조차 두렵다. 멈추면 뒤처질 것 같고, 쉬면 기회가 날아갈 것 같아 불안하다.

불확실한 미래이기에 걱정되고 불안하게 마련이다. 그러나 지금은 쉬면서도 덜 불안해하고 남의 속도에 맞추지 않아도 괜찮다. 나는 멈출 줄 알고 쉴 줄 안다. 해야 할 것과 하지 말아야 할 것의 기준도 생겼다. '나와의 대화'를 통해 잠시 멈추고 알아차리는 훈련이 되었기 때문이다. 멈추면 큰일날 것 같았는데, 생각보다 아무 일도 일어나지 않았고 오히려 삶을 더욱 풍요롭게 만들었으며 스스로 알아차리고 다시 잘 살아갈 힘을 얻는 시간으로 만들 수 있게 되었다.

2020년 3월, 코로나19로 말미암아 한번 출발하면 쉬지 않고 계속 달려야 할 것 같은 시간이 멈춰졌다. 그 덕분에 본의 아니게 좀 쉬면서 먼 미래를 차분히 계획할 수 있을 줄 알았는데, 웬걸? 오히려 개인적 시간도, 개인적 공간도 허락되지 않았다. 코로나19 때문에 너나없이 다 고립되었으니, 나와 가족 역시 멈춰졌다. 가족 모두가 온종일 같이 있어야 했기 때문에 나를 위한 시간을 가질 수 없었다. 자연히 나만의 시간에 대한 갈망이 커졌다. 그래서 시작한 것이 새벽 5시 기상이었다. 새벽 5시에 일어나서 아침 9시까지 온전히 나를 위한 시간을 보냈다. 처음에는 일어나서 뭘 해야 할지 몰랐다. 그저 커피를 마시고, 멍때리는 일을 했다. 그러다가 일기를 쓰기 시작했다. 그러자 이상한 일이 벌어졌다. 자기 전부터 설렜다. 내일은 나와 어떤 대화를 할지 생각하면서 말이다. 자연히 하고 싶었던 것, 필요한 것, 원하는 것을 하나씩 하게 되었다. 숨소리도 크게 들리는 그 고요함과 들숨과 날숨을 오가는 그 여유의 시간이 좋았다. 그때 멈추고 나와 대화를 끊임없이 시도했던 시간은 나에게 많은 것을 알려줬다. 무엇보다 진정한 나를 만났다.

'난 뭘 좋아하지? 나에겐 뭐가 중요하지? 나는 어떤 생각을 가지고 있는 사람이지? 나는 그동안 어떻게 살아왔고 앞으로 어떻게 살고 싶지? 나는 아이들에게 어떤 걸 물려주고 싶지? 내가 생각하는 행복이란 무엇이지? 나는 세상에 어떻게 기여하고 싶지? 나는 뭘 잘하지? 어떻게 하면 좀 더 잘 살 수 있지?'

나에게만 집중된 질문이 끊임없이 이어졌다. 그전에도 말하기를 업으로 하고 있었지만, 이때부터 진정한 말하기가 시작되었다. 지금도 내 안에는 수많은 내가 내면 소통을 통해 진화하고 있음을 느낀다. 나 자신과 깊은 대화를 하면, 다른 이들과도 진짜 대화를 할 수 있다. 나와의 대화를 시작하면서 생각, 감정, 의도, 욕구, 가치, 비전 및 신념 등을 알게 되고 마주하기 싫은 두려움, 불편함, 억울함 등의 감정도 알게 되며 표현할 수 있게 되기 때문이다. 그저 알아차리는 것으로도 달라졌다. 느끼고 깨닫는 것들이 생기면서 나만의 재료가 만들어지고 말도 더 맛깔나게 바뀌었다. 내가 나를 알고 수용하니 나를 활용하기 쉬워졌다.

말할 때는 적절한 틀이 필요하다. 말할 때 내 생각의 기준이 되는 신념과 가치관의 틀이 있어야 한다. 틀은 나라는 사람을 보여준다. 내향적인 사람들이 말 연습을 할 때, 자기 의견을 자신 있고 명료하게 말하는 훈련을 많이 한다. 남들 앞에서 말하는 것 자체가 두려운 경우가 많기 때문이다. 그런데 이런 훈련은 한계가 있다. 연습을 통해 조금 더 표현 기술을 향상시킬 수 있긴 하지만, 또 다른 환경이나 상황이 되면 다시 떨리고 주저하게 되는 경우가 많다. 좀 더 근본적인 것부터 바꿔야 한다. 바로 마인드, 태도이다. 내가 나를 믿는다는 믿음, 내가 말할 자격이 있다는 근거, 말할 수 있는 수많은 나의 콘텐츠(스토리)에 대한 긍정적 관점이 형성되어야 나를 자신 있게 표현할 수 있다. 그래서 필요한 것이 '나와의 대화'이다. '나와의 시간'을 통해 나라는 사람을 잘 알게 되고, 나만의 말하기 틀을 좀 더 성숙하고 견고하게 할 수 있다.

말할 때는 적절한 틈도 필요하다. 틈 하나 없는 틀은 자신을 힘들게 한다. 틈은 내면적 틈과 외면적 틈 모두 필요하다. 내면적 틈은 내 안의 공간이다. 내향적인 사람들은 외부 시선에 더 민감하게 반응하는 경우가 많다. 표현하지 못하고 마음에 담은 채 자신을 달달 볶으면서 질책하기도 한다. 그래서 내면적 틈이 필요하다. 너무 완벽하게 잘 해내지 않아도 된다. 틈 없이 틀에 맞추려고 하니 말하기가 힘든 것이다. 한편 상대와 대화할 때, 사람들 앞에서 말할 때 상대측과의 공간이 필요하다. 이 외면적 틈이 없으면 생각과 감정이 즉각적으로 나가는 경우가 있다. 혹은 반응을 안 하고 즉각 수긍하는 경우도 있다. 모아니면 도다. 틈이 생기면 한번 생각해볼 수 있다. 무조건 맞추거나 속으로만 반대하는 것이 아니라, 어떻게 하면 더 잘 표현할 수 있을지 생각해볼 틈이 생긴다.

요즘은 AI가 글을 써주고 정보를 정리해준다. 강의안은 물론 영상도 만들어주고, 그림도 그려준다. 삶 속에 파고드는 영역이 빠르게 확장되고 있는 것 같다. AI는 지식을 정리해서 즉각적으로 알려주기 때문에 향후 '앎'보다는 나의 말로, 나의 어조로, 나의 이야기로 전달하는 게 더없이 중요해질 것이다. 즉, 누가 전달하는가가 중요해졌다. AI가 못하는 일은 유일무이한 나의 스토리이다. '나와 대화하는 시간'은, 잠시 멈추고 나의 사건(콘텐츠)들과 성찰(해석)들을 알아차리게 해줄 귀한 시간이다.

말하기가 두렵다면 먼저 나와 대화하는 시간을 투자해보길 바란다. 이미 '나와 대화하기' 시간을 많이 가졌다면, 그것으로 나만의 틀을 만들어보자. '나와의 대화'를 통해 관심 있는 이슈들의 틀도 정리해보자. '나와의 대화' 시간을 가지지 못하면 나의 색을 낼 수 없다. 어떤 사건에 대한 나의 생각을 정리하기도 어렵다. 특히 요즘처럼 정보를 쉽게 정리할 수 있는 세상에서 나만의 재료를 만들어내는 시간은 필수다. 누구나 검색할 수 있는 남의 이야기를 전달하는 것이 아니라 나의 이야기를 전달하려고 해보자. 나를 통해 나온 이야기는 내가 제일 잘 말할 수 있다. 나만의 재료로 나만의 맛을 내고 향기를 풍기고 싶다면, 나와 대화하는 시간을 꼭 가지길 바란다. 그래야 남들과 다른 깊이 있는 말하기를 할 수 있다.

새벽 5시가 아니어도 된다. 단 10분이라도 혼자, 온전히 나와 대화할 시간을 만들면 된다. 그 시간이 내 말의 맛을 살리게 해주는 재료를 숙성하는 시간이다. 나와 먼저 대화를 시도해보자. 멈추고 나를 위한 귀한 시간을 만들어보자.

남이 아니라, 나와 대화하는 것이 먼저다!

02

현지에서
여러분의 성장을
돕겠습니다

"현지에서 여러분의 성장을 돕겠습니다. 조현지입니다."

강의할 때 항상 '현지에서 여러분의 성장을 돕겠습니다'로 시작하는데, 이는 내 나름의 의미를 부여한 것이다. '현지'는 이름, '조'는 도울 '조'이다. 물론 한자로 '도울 조'는 아니지만, 그렇게 이야기하는 까닭은 사람들의 성장을 돕는 것에 가치를 두고 있는 생각 때문이다. "현지에서 여러분의 성장을 돕겠습니다" 하고 입을 떼는 순간, 스스로 강의 시간에 좀 더 의미를 찾고 몰입하게 된다. 사람은 말대로 살게 마련이다. 그래서 시작한 나만의 소개다.

새벽 5시, 나와의 대화를 시작하고 제일 먼저 찾아낸 것은 바로 나의 가치 정립이었다. 여러 진단 도구를 통해서 보니, 나는 '성장'과 '도움', '연결'을 중요하게 생각하고 있었다. 이 말은 가슴을 떨리게 해주고 수강생에 대한 마음과 방향을 설정하게 해주었다. 가치가 기반이 된 표현은 굉장한 영향력이 있다. 내 삶의 기준이 되는 것을 표현하는 것이니 진심을 다하게 된다.

마틴 루터 킹(Martin Luther King)의 'I have a dream'은 대중 스피치에서 명연설로 꼽힌다. 원래 이 연설문에는 꿈이라는 단어가 없었다고 한다. 그런데 마틴 루터 킹이 연설하는 동안 그와 친분이 있는 가스펠 가수 마할리아 잭슨(Mahalia Jackson)이 그에게 "꿈에 대해 얘기해요, 마틴!"이라고 외쳤고, 그 덕분에 원래 작성한 연설문과 다른 내용으로 25만 명의 군중과 수백만 명의 TV 시청자들에게 꿈에 대한 즉흥 스피치를 하게 되었다고 한다. 사실 마틴 루터 킹은 이미 여러 차례 꿈에 대해 이야기했는데, 그날 연설문에는 '꿈'에 대한 내용은 없었지만 350여 차례 꿈에 대한 연설을 했다고 추측되기도 한다. 즉흥 스피치였지만, 즉석에서 만들어진 연설은 아니었다. 이미 마틴 루터 킹이 가지고 있는 내면의 스피치가 외부 스피치로 발현된 것이다. 마틴 루터 킹의 가치가 그대로 들어간 이 연설은 전 세계에 영향력을 미치는 스피치이자 중요한 인간 존엄성의 가치로 남게 되었다. 그 가치가 올바른 것이기 때문에 가능한 일이었다.

'나는 어떤 가치를 가지고 있는가?'

처칠과 히틀러는 동시대 인물이다. 모두 스피치를 잘하기로 유명한데, 앤드루 로버츠(Andrew Roberts)는 저서《CEO 히틀러와 처칠, 리더십의 비밀》에서 두 인물의 평가를 달리했다. 처칠을 만난 사람들은 스스로 무엇이든 성취할 수 있다는 확신을 가지게 되었다. 반면, 히틀러를 만난 사람들은 히틀러가 무엇이든 성취할 수 있다는 믿음을 가지게 되었다. 두 사람의 리더십, 신념의 차이가 긍정적인 영향력을 미치느냐 부정적인 영향을 미치느냐를 결정한다. 선한 목적의식과 신념이 말에 투영되어야 타인에게 영향력을 미친다. 그래서 삶의 기준이 되는, 본인이 생각하는 올바른 가치가 중요하다. 그 가치가 표현된다면 진정한 자기 모습을 보여줄 수 있게 된다.

기업도 마찬가지다. 아웃도어 브랜드 파타고니아는 '이윤추구'보다 '환경'을 먼저 생각한다. 파타고니아의 핵심 가치는 환경보호다. 옷을 만드는 전 과정이 모두 친환경적이고 윤리적인 절차를 거친다. 또한 매출의 1%를 환경단체를 위해 후원한다. 직원도 환경에 대한 헌신적 태도를 가진 사람들만 채용한다. 이와 관련된 스토리들이 미담처럼 퍼진다. 가치는 그 기업의 모든 표현의 중심 기준이 된다.

최근 글로벌 컨설팅업체 맥킨지는 한국 Z세대(1996~2012년)의 특징을 공개했는데, 모바일 활용도가 높고 가치 소비 경험을 공유하며 지갑을 여는 '디지털 행동가'라고 말했다. Z세대는 실제로 환경 등 각종 가치에 관련된 문제에 관심을 가지고 이에 반응한다. 예를 들어서 내셔널지오그래픽 어패럴은 유튜브와 틱톡 등의 동영상 플랫폼으로 멸종 위기 동물 보호 캠페인을 했는데, Z세대의 참여도가 높았다. 이들은 모바일 활용도가 높다. 그러니 올바르다고 생각하는 가치들은 훨씬 더 빠른 속도로 확산될 수밖에 없었던 것이다. 물론 Z세대에만 국한되는 것은 아니다. 올바른 신념과 가치는 세대를 막론하고 순식간에 퍼져 나간다.

아무리 자신을 표현하는 개성, 개인화가 중요한 시대일지라도 가치는 우리 삶의 기준이며 우리를 행동하고 끌리게 한다. 기업의 핵심 가치처럼 우리도 핵심 가치를 정립해두면 좋다. 그래야 더욱 '나답게' 말할 수 있다. 우리에게도 '나다움'을 표현할 자신만의 기준이 필요하다. '남다움'을 쫓아가지 말고, '나다움'에 더 집중해보자. 자신과 대화를 해봐야 말에 담을 가치를 찾을 수 있다. 가치가 기반이 된 자기표현은 훨씬 더 자신을 돋보이게 한다. 일본의 베스트셀러 작가 파(Pha)는 자신의 책에서 이렇게 말한다.

'남이 만든 그릇에 내 인생을 담지 마라.'

남이 만든 가치 혹은 신념이 아니라, 내가 만든 그릇에 나의 인생을 담자.

사람들은 흔히 진심은 통한다고 한다. 진심으로 말하기 위해서는 나의 진심을 알아야 한다. 내가 생각하는 나의 마음, 거짓이 없는 나의 참된 마음을 알아야 한다. 그래서 내 생각, 내가 중요하게 생각하는 것 등의 정리가 필요하다. 그 기준점이 생기면 말에도 확신이 생기고 남의 평가나 기준, 인정에서 조금은 벗어날 힘이 생긴다. 주체적으로 말하고 싶다면, 나에게 중요한 것의 기준점들을 확실히 찾자.

자, 내 삶의 중심이 되고 방향성을 정해주는 '나의 가치'는 무엇인가?

가치를 찾는 데 도움 되는 질문들

• 어떤 사람, 활동, 일이 중요한가?

• 사망 기사에 무엇이 반영되었으면 좋겠는가?

• 내면에서 자꾸 끌리고 해보라고 권하는 것은 무엇인가?

• 기꺼이 시간을 투자하고 싶은 일은 무엇인가?

• 어떤 능력을 가졌고, 잘하는 것은 무엇인가?(사람들이 주로 질문하는 것은

무엇인가?)

• 무엇을 하지 않았을 때 고통스러운가?

03

**모든 일의 반응은
내가 선택할 수
있다**

첫째가 중학교에 입학했다. 초등학교 입학이 엊그제 같은데 어느새 중학생이 되다니, 시간 참 빠르다. 초등학교 1학년 때 아이가 반은 잘 찾아갈지, 화장실은 잘 갈지, 친구들은 잘 사귈지 등등 꼬리에 꼬리를 물었던 오만 걱정이 중학생이 된 아이에게 다시금 달라붙었다. 아무래도 첫째니까. 더욱이 배정된 중학교 위치가 도보로 등하교하기엔 무리였는데, 그게 제일 걱정이었다. 결국 등교는 같은 아파트 학부모들과 함께 섭외한 셔틀버스로, 하교는 일반 버스로 했다.

3개월 남짓 되니, 아이가 등교도 일반 버스로 해보겠다고 했다. 좀 더 자유롭게 등교하고 싶었던 모양이다. 아이는 셔틀버스 비용 대비 일반 버스 비용이 더 경제적이라는 말까지 하며 대중교통 이용을 적극 주장했다. 워킹맘으로서 나는 아침마다 괜히 신경 쓸 일이 많아질까 봐 탐탁지 않았다. '바쁠 때 데려다 달라고 하면 어쩌지? 버스를 잘못 타면 어쩌지? 잘못 내리면 어쩌지? 학교 아닌 다른 곳으로 가면 어쩌지?' 등등 별별 생각이 또 마음을 들쑤셨다. 그럼에도 주체적으로 해보겠다는 아이의 뜻을 꺾을 수 없어서 일반 버스로 등교하는 걸 허락했다.

한동안 아침마다 첫째가 버스는 잘 탔는지, 잘 내렸는지, 잘 등교했는지 확인하느라 부산스러웠다. 아침 일찍 강의 스케줄이 잡혀 있을 때는 특히 더 계속 전화하면서 확인하고 또 확인했다. 대체로 첫째에 대한 내 걱정은 기우였다. 약간 늦게 등교할라치면 잘 도착했다고, 좋은 하루 보내라는 기특한 메시지로 엄마를 안심시켰다. 생각보다 첫째는 잘해냈다.

그러던 어느 날 아침, 첫째를 보낸 뒤 한참 둘째 등교를 준비시키는 와중에 첫째에게 문자가 왔다. 버스를 탔는데 내려야 할 정거장에 못 내려서 무섭다고. 바로 전화하여 자초지종을 듣기도 전에 버럭 소리쳤다.

"너! 핸드폰 보느라 못 내렸지?"

순간 머릿속에서 또 다른 목소리가 튀어나왔다.

'그만! 네가 반응을 선택할 수 있어. 한 박자 쉬어!'

그렇지만 나는 이미 몹시 화난 엄마가 돼버렸기에 따발총 비난을 난사했다. 매번 버스를 타고 다니면서도 버튼을 왜 못 눌렀냐, 내려달라고 소리는 쳤느냐, 너 제 정신이냐, 지각하면 대체 어쩌냐! 아이는 차로 달려가도 30분 이상 걸리는 거리에 있었다. 일단 다음 역에서 내리라고 했다. 그리고 바로 핸드폰 버스 앱을 켜서 다음 역과 반대편에서 오는 버스를 검색하겠다고 했다. 전화를 끊고 나서 화로 가득한 나를 바라보았다. '4-7-8 호흡(4초간 숨을 들이마시고, 7초간 멈추고, 8초간 숨 내뱉기)'을 잠시 했다. 그리고 버스 앱을 켜고 버스 노선을 확인했다. 그런데 아이가 다음 정거장을 또 놓친 것이다. 대체 왜? 또 화가 났다. 그런데 이번에는 조절이 되었다. 다행히 그다음 정거장이 지하철역과 가까운 곳이었다. 이번에는 화를 내지 않고 어떻게 가야 하는지 알려주면서 계속 통화했다. 아이는 다급했고, 잔뜩 주눅 들었다. 그런데도 "놀랐지? 무서웠지? 괜찮아" 하는 말이 나오지 않았다. 결국 아이는 나의 지시대로 지하철을 타고 내리고 뛰고 뛰어서 학교를 찾아갔다.

나는 강사다. 그것도 말하기와 대화를 중심으로 강의하는 전문 강사다. 그런데도 갑자기 비난과 비판, 불평을 쏟아붓는 나를 발견했다. 대화가 아닌 지시와 부정적 말을 하고 있었다. 인지하고 있었는데도 멈출 수가 없었다. 왜? 첫째, 나는 지각과 결석을 무척 싫어한다. 지각해버린 내 아이라니, 그게 불편했다. 초등학교부터 대학교까지 한 번도 지각, 결석을 하지 않은 내 기준에서 이건 심각한 일이었다. 둘째,

다른 데 신경을 빼앗겨 내려야 할 정거장에 못 내렸다는 사실에 화가 났다. 아이가 안전하지 않은 상황에 있는데, 그것도 아이 때문이라는 생각에 편도체(뱀의 뇌)가 활성화되기 시작한 것이다. 편도체가 폭주하니까, 훈련을 많이 한 나도 도저히 막을 수 없었다. 셋째, 나도 무서웠다. 아이가 홀로 덩그러니 낯선 곳에서 당황해하며 무서워할 생각을 하니, 어딘가 감정을 쏟아낼 데가 필요했는데 아이러니하게도 그 대상이 아이였다.

아이가 학교에 잘 도착했음을 확인한 뒤 온몸에 힘이 쭉 빠졌다. 그제야 후회가 밀려오기 시작했다. 처음 전화를 하자마자 화를 내며 비난한 나 자신이 싫었다. 아이가 무섭다고 문자를 보내왔는데, 난 왜 그랬을까. 분명 아이를 비난하는 나를 인지했는데 왜 멈추지 못했을까. 홀로 얼마나 무서웠을지 아이 입장에서 생각하니 갑자기 아이의 감정이 고스란히 느껴졌다. 얼른 장문의 문자를 보냈다.

'엄마도 당황해서 그랬어. 미안해. 이번에 배웠으니 우리 다음에는 어떻게 할지 고민해보자. 화내서 정말 미안해. 놀랐을 텐데 학교를 잘 찾아가서 참 다행이야. 잘했다.'

문자를 보내고도 생각이 많아졌다. 감정을 제어하고, 감정을 알아차려 따스한 주의를 기울여서 나와 상대를 보는 일은 내가 정말 많이 연습하고 훈련했는데, 왜 그 순간 알아차리고도 멈추지 못했을까. 그러면서 또 하나 깨달았다. 그 순간에는 멈추지 못했지만 그럼에도 결국 멈췄다는 사실. 멈추는 시간이 짧아졌다. 강도도 약해졌다.

이 지각 소동 덕분에 나는 새삼 하나 배웠고, 아이 또한 하나 배웠다. 아이는 이제 버스에서 내리지 못하면 조금 덜 당황하고 해결책을 찾을 것이다. 그리고 버스에서 내릴 때 신경을 쓸 것이고 아니면 조금 더 일찍 학교로 출발할 것이다. 버스 정류장에 제대로 내리려고 노력할 것이다. 나도 아이가 실수를 하면 무작정 화를 내지 않을 것이다.

인지하는 순간 내가 선택할 공간이 넓어진다. 주체적으로 산다는 것의 또 다른 의미는 내게 오는 모든 사건에 대한 반응을 선택할 수 있다는 것이다. 내게 온 모든 사건에 대한 반응은 내가 결정할 수 있다.

말할 때도 마찬가지다. 대화에서의 반응도 내가 선택할 수 있고, 말하기가 떨릴 때도 더 좋은 방향으로 나아갈 수 있도록 선택할 수 있다. 떨리는 그 자체에 집중하는 것이 아니라, 어떻게 반응할지 나만의 공간에서 바라보면 어떻게 말해야 할지 결정할 수 있다.

상대에게 화를 내고 비난할 것인가, 상대를 이해하고 인정해줄 것인가. 하교한 아이와 마주했을 때 나는 아이를 꼭 안아주었다.

"마음고생했어. 엄마가 네 마음을 못 알아주고 화내서 미안해."

눈에 눈물이 그렁그렁 맺힌 채 아이가 그제야 상황 설명을 했다. 내려달라고 했는데 버스 아저씨가 안 내려줬다고, 버스 아저씨가 안 된다고 무섭게 소리쳐서 전화도 못 하고 문자로 했다고, 핸드폰을 본 것도 아닌데 엄마가 그렇게 화를 내면서 소리쳐서 억울했다고.

실수를 하면 멈추고 알아차리면 된다. 그리고 반응에 대한 선택의 공간을 계속 넓히는 훈련을 하면 된다. 물론 훈련을 많이 하지만, 잘 안될 때가 있다. 특히 가족을 상대할 때 더 그렇다. 평소에 긍정적이고 차분하게 남을 배려하는 말하기를 하면서도 가족에게는 그 반응이 즉각적이다. 그럼에도 내게 오는 모든 일의 반응은 내가 선택할 수 있다는 사실을 기억하자. 계속 훈련하면 결국 그 공간은 분명 넓어진다. 그리고 빠르게 나의 반응을 다시 수정할 수 있다.

반응하는 말도 내가 선택할 수 있다. 바로 반응하지 말고 내면의 목소리를 듣고 공간을 만들어주자. 선택할 수 있는 공간을 확보하자. 멈추고 알아차리면 그 공간은 늘어난다. 알아차리고 멈추는 순간, 조금 더 나에게 도움 되는 방향으로 선택할 힘이 생긴다.

04

당신은
이미 충분해요

마샤 레이놀즈(Marcia Reynolds)의 《문제가 아니라 사람에 주목하라》는 코칭을 하는 데 많은 도움이 된 책이다. 그녀는 국제코치 연맹의 다섯 번째 회장을 역임한 인물로, 코칭 분야의 선구자이자 코칭계 구루로 통한다. 그런 그녀가 마침내 방한했다. 강남의 한 호텔에서 특강과 사인회를 진행했는데, 일흔이 다 되어가는 그녀는 정말 열정적이었다. 더 인상적이었던 것은, 그녀는 아침마다 강점을 상기한다는 사실이었다. 이미 코칭계의 대가인데도 그녀는 매일 거울 속 자신과 마주한 채 "난 여기 있을 자격이 있어. 나에겐 이런 ○○○ 강점이 있어!"라고 되뇐다고 했다. 그녀는 말했다. 자신의 비전을 위해 자신 안의 강점을 사용해야 한다고. 그래야 그것을 믿고 용기 있게 나아갈 수 있다고. 강점을 사용할 수 있게 되면 두려워하는 것은 점점 덜 중요하게 된다고. 그녀의 이야기를 접하며 여러 생각이 들었다.

'과연 나는 강점에 집중된 삶을 살고 있을까? 아침마다 외칠 나만의 강점은 무엇일까?'

마샤 레이놀즈는 코칭을 막 시작할 때 자신의 코칭이 별로 마음에 안 들었단다. 그런데 고객들은 이렇게 말했다고 한다.

"당신의 코칭은 정말 좋았어요! 도움이 많이 되었어요!"

그녀의 생각에는 형편없었는데 말이다. 아마도 코칭 스킬은 부족했지만, 그녀의 열정과 다른 전문적인 강점이 작용했을 것이다. 상대를 존재로 보는 그녀의 코칭 관점이 큰 힘으로 발휘된 것이다.

과연 세상에는 이미 충분한 본인의 모습을 볼 수 있는 사람이 얼마나 될까? 당장 20년간 강사를 한 나도 늘 부족한 내 모습이 눈에 들어온다. 강의에 너무 감정을 담은 것 같고, 고개는 왜 그리도 많이 끄덕이는지, 이성적인 말로 명료화하지 못한 것도 마음에 거슬리고, 때때로 예를 너무 각색한 건 아닌지 걱정도 한다. 적용할 점을 분명하게 제시하지 못한 것도 신경 쓰인다. 그뿐이겠는가. 한두 가지가 아니다.

강의하고 서로의 발표에 대해 피드백 시간을 가질 때가 있는데 정말 예외 없이 사람들은 모두 자신이 잘 못하는 것에 집중한다. 특히 자신의 말하기를 분석할 때 못하고 안되는 것을 주로 찾는다. 그것들에 집중하면 훨씬 더 말하기 성장이 있을 거라 생각하는데, 강의하면서 느낀 점은 자신의 강점에 집중하면 단기간에 더욱 매력적인 말하기를 할 수 있다(물론 치명적인 약점은 보완해야 한다)는 사실이다.

나는 아나운서 방송 MC학과 전임교수를 했다. 실용, 실기 중심의 학교라서 연예인은 물론 대중에게 많이 알려진 유명 전문가들이 교수진으로 포진되었다. 그야말로 실용에서는 최고의 교육을 받을 수 있는 학교가 아닐 수 없다. 우리 과 역시 방송계에서 유명한 분들이 교수진이었다. 재능과 식견이 뛰어난 교수들 사이에서 내심 기가 많이 죽었다.

'방송 경력뿐 아니라 유명세도 모두 다 나보다 월등하다. 박사학위를 가진 사람도 천지다. 말도 다들 너무 잘한다. 큰일났다! 나는 여기에 왜 있는 걸까? 지금부터라도 다시 방송을 시작하고 멋진 방송인으로 거듭나야 할까?'

뭐 하나 뛰어날 게 없었다. 그래서 자꾸 비교하게 되고, 점점 스스로 작아졌다. 그런 내게 교수님 한 분이 이런 말씀을 해주셨다.

"조 교수님은 사람들을 잘 연결해주시네요. 그래서 우리 과가 균형감 있게 가고 있는 것 같아요. 학과와 학과를 연결해주고, 교수진을 연결해주고, 학교와 교수, 학교와 학생, 학생과 학생도 연결해주시고요."

그렇게 깨달았다. 나의 강점은 사람들을 챙기고 균형감을 가질 수 있게 중간 다리 역할을 하는 것이었다. 사실 많은 방송 지망생에게 말하고 있었다.

"너만의 매력을 찾아보자!"

그런데 정작 나는 그러지 않았다. 못하고 안되는 것에 더욱 신경 썼다. 그 교수님의 담소를 계기로 나는 내 강점에 집중했다. 학과장으로서 바쁜 스케줄에 허덕이는 교수님들에게 학교 안내 및 진행 사항들을 정리해서 공유해드리고, 학생들이 하는 행사마다 참여해서 학생들에게 피드백해주는 실무형 교수가 되었다. 진심으로 현장에서 학생들과 함께하는 그 역할이 좋았고 잘 맞았다. 나를 좋아해주고 인정해주는 사람이 점점 내 곁에 모여들었고, 관계가 두터워지기 시작했다.

꼭 전문적 지식 기술이 아니어도 성격적인 미덕도 강점이 될 수 있다. 현재 위치에서 나의 강점을 발휘해 인정받을 수 있다. 누구나 그 자리에 그냥 있는 사람은 없다. 그 자리에 있는 이유가 있는 법이다. 다른 사람과 비교하지 말고 본인의 강점을 보여줘야 한다.

한 기업에서 1:1 PT 코칭을 의뢰했다. 사장님께 보고해야 하는 프로젝트들이었다. 두 분의 코칭이 끝났는데, 마음이 개운치 않았다. 기술적으로 보완점을 찾아 훈련했는데, 발표자들이 움츠러든 것이 자신 없어 보였다. 사실 코칭이라고 하지만 티칭(teaching, 일방적 교육) 위주로 이뤄지고 있었다. 그래서 고객 스스로 답을 찾게 하는 코칭(coaching)으로 전환했다. 코칭은 본인의 마음을 알아차리게 하고, 본인의 마음에 머물게 해주기 때문에 이 작업이 필요하다고 느꼈다. 마음을 여는 대화를 먼저 나누고 시작했다. 준비는 많이 했는데, 질책당

할까 봐 걱정도 되고, 평가에 대한 두려움이 있었다. 그래서 전달 스킬보다 말할 자격이 충분한 담당자의 마음을 들여다보는 시간을 가지는 데 많은 시간을 할애했다. 질문하고 답했다. 모두 한결같이 진심으로 준비한 것을 알 수 있었다. 그 마음을 발견하니, 담당자들의 발표에 그대로 표현되었다. 목소리가 단단하게 커졌다. 확신을 느낄 수 있었다. 무엇보다 표정에서 진심이 드러났다. 이미 가지고 있는 것들이 깨어나는 순간이었다. 보였다, 이미 충분히 준비된 모습이. 이후 기대한 바대로 발표를 잘했다는 연락을 받았다.

충분히 준비된 모습을 드러내지 못하는 안타까운 상황이 우리 일상에서 얼마나 많이 벌어지던가. 어쩌면 자신 안의 많은 가능성이 자기 선택을 받지 못하고 있는 것일지도 모르겠다. 불필요한 자의식들이 우리 안에 가득하다. '이게 도움이 되겠어?', '내가 하는 말이 의미가 있겠어?', '내 말에 누가 귀를 기울이겠어?', '나를 어떻게 평가할까?' 등등. 싹 다 불필요하다. 내가 발표하는 이유는 분명히, 충분히 있기 때문에 그 자리에 있는 것이다. 그러니 스스로 믿고 '난 여기 있을 자격이 있어' 하는 마음으로 나의 가능성을 펼치자. 그래서 마스터 코치 마샤 레이놀즈는 스스로 이렇게 외치라고 한다.

"너는 이미 충분해(You are good enough)!"

그녀는 이 마음으로 더욱 강점을 꺼내서 사용하라고 말한다. 표현이 어색하고 두려움이 앞선다면, 우리는 타인에게 말하기 전에 이런 노력을 계속해야 한다. 나 자신에게 이렇게 말해보자.

"나는 이미 충분해(I'm good enough)!"

부족할 수 있지만, 미리 그렇게 만들 필요는 없다. 가지고 있는 강점에 집중하면, 좀 더 충분한 나를 발견할 수 있을 것이다. 그래야 그 말이 힘을 받는다.

05

편한
환경으로
이사하기

《마지막 몰입》을 쓴 짐 퀵(Jim Kwik)에 따르면, 신체적 감각은 기억력을 향상시킨다고 한다. 어떤 일을 시각화하거나 청각과 후각을 활용하면 훨씬 기억을 잘할 수 있다는 것이다. 특히 독서할 때 손가락으로 밑줄 치듯 책을 읽으면 촉각이 자극되면서 집중력 있게 정독할뿐더러 기억을 더 잘할 수 있다고 한다. 이렇듯 감각은 사람의 기억을 강화한다.

감정은 감각을 통해 전달된다. 사람들 앞에서 말할 때 가슴이 뛰고 땀이 나기도 하는데, 박수 소리와 뒤에서 뭐라고 하는 소리 등의 자극이 감각을 통해 들어온다. 다양한 신체적 자극이 감정을 형성하는 것이다. 그런데 중요한 것은, 우리는 감정을 경험할 뿐 아니라 거기에 해석을 덧붙인다는 사실이다. 그래서 말할 때 긍정적인 감정을 느끼고 해석을 잘하는 것이 중요하다. 긍정적 감정은 그 일을 또 하고 싶게 만들기 때문에 사람들 앞에서 좋은 반응을 받으면 그 감정이 그대로 다음 말하기 상황에 긍정적인 영향을 주게 되어 있다.

우리는 감정이 동반한 기억을 머릿속에 남긴다. 대중 앞에서 부끄러웠을 때, 성취감을 느끼는 사건을 경험할 때, 오랫동안 진행하던 프로젝트가 성공해서 칭찬받을 때, 사람들 앞에서 제대로 망신당했을 때, 그 감정으로 내가 경험한 사건을 기억하게 된다.

한 대학교 강당에서 면접 특강이 있었다. 강사가 무대 앞으로 한 학생을 나오게 했다. 사람들 앞에서 시범 케이스가 되어달라고 했는데, 하필 낯가림이 심한 학생이 지목되었다. 강사의 말에 리액션을 잘해준 탓에 강사 눈에 걸린 것이었다. 그는 원하지 않았지만, 강사가 민망해할까 봐 억지로 나갔다. 강사는 그에게 말을 시켜놓고는 "이렇게 하면 안 된다", "저렇게 해도 안 된다" 하며 계속 민망한 상황으로 몰고 갔다. 사람들은 그런 모습에 연달아 웃었다. 이후 그는 사람들 앞에서 말하는 것을 싫어하게 되었다. 한동안 그 트라우마에서 벗어나지 못하고 고통받았다.

이는 한 수강생의 사례다. 그는 발표하는 행위를 극도로 두려워했다. 이 감정은 그날의 상황을 더욱 부정적으로 기억하게 한다. 말하기에 대한 부정적 감정이 기억으로 형성되면 이후 말해야 하는 상황에서 집중하기 어렵다. 이미 부정적인 감정이 지배하고 있기 때문이다. 이런 양상의 극복을 위해 또 다른 성취감을 느끼면서 말하기에 대한 긍정적 감정을 남겨야 한다. 마주하기 싫은 그 감정에 맞설 용기가 필요하다. 하얀 도화지에 그림을 새로 그리는 게 쉽지, 이미 그려진 그림에 다시 손을 대는 건 어려울뿐더러 더 큰 노력이 필요하다.

그래서 '남들 앞에서 말하기'의 불편한 감정을 마주하고 새로운 성취로 감정을 대체해야 한다. 발표할 때 좋은 감정이 많다는 것을 다시 느끼게 해줘야 하기에 용기가 필요하다.

롭 무어(Ron Moore) 역시 자신의 책《결단》에서 스트레스에 대한 생각의 반응을 바꿔야 한다고 말한다. '위협 상황'을 '도전 상황'으로 대체해야 한다는 것이다. 스트레스에 대한 반응은 무의식적이고 자동적으로 일어나는데, '위협 상황'과 '도전 상황'의 신체적 반응이 비슷하다는 것이다. 이때 '도전 상황'으로 받아들이면 무의식적으로 신경 반응을 통제할 수 있다고 한다.

'내 가슴이 이렇게 뛰는 건 긴장 때문이 아니라 설렘 때문이다.'

이렇게 생각을 바꾸는 것이다. 사건에 대해 몸이 반응하는 방법은 거의 비슷하다. 하지만 해석은 달라질 수 있다. '심장이 두근거린다'는 사건에 대한 몸의 반응이다. 무섭고 불안할 때도, 기쁘고 설렐 때도 심장은 두근거린다.

자기소개를 해야 하는 상황을 떠올려보자. 드디어 내 차례가 되었을 때, 긴장 때문에 심장이 두근거리는지, 약간 기분이 좋아서 심장이 두근거리는지 헷갈린 적 없었나? 두 감정이 공존한 것일지도 모르겠다. 그럴 때는 심리적으로 해석해보는 게 좋다. '아, 내가 정말 긴장하고 있나 보다'라고 해석하는 순간 심장은 더 빨리 많이 뛸 것이다. 반면, '내가 정말 이 자리를 즐기나 보다. 기대된다'라고 해석하는 순간 뛰는 심장을 안정시킬 수도 있다. 제레드 쿠니 호바스(Jared Cooney Horvath) 박사는 감정의 과정이 기억력을 증진시키고 그 과정에서 심리적 해석이 이뤄지기 때문에 감정 또한 바꿀 수 있다고 했다. 어떻게 감정을 해석하고 어떤 감정에 집중할 것인지 나의 선택이라는 것이다. 해석하는 것은 나의 선택이다. 감정을 재해석하는 게 쉽지 않다면, 감정이 흘러간다는 사실을 인지하자. 하루에도 여러 감정이 흘러왔다가 흘러간다. 감정을 뜻하는 'emotion'은 라틴어 'emovere'에서 왔다. 이는 에너지가 움직인다는 뜻인데, 그만큼 감정은 금세 흘러간다.

그래도 말하기가 설레지 않고 떨리기만 한다면 미리 편안한 상황을 연출하는 것도 한 방법이다. 나의 경우, 실상 다수보다는 소수가 편하고 온라인보다는 대면이 편하다. 마이크나 포인터기 등 무엇인가를 잡고 하면 훨씬 안정감을 느낀다. 안정적으로 서 있는 것보다는 수강생에게 다가가거나 움직이는 것이 편하다.

그동안의 경험으로 어떤 상황이 말할 때 긍정적 감정을 주는지 생각해보자. 그 편안한 환경을 알고 만드는 것도 방법이다. 불편한 상황도 마찬가지로 불편한 상황을 만들지 않도록 하면 된다.

어떤 이는 감정에 기반한 스토리텔링은 자신 있어 하는데 딱딱한 정보 전달은 불편해한다. 어떤 이는 대본이나 말할 내용이 정리 안 된 상황을 제일 두려워한다. 어떤 이는 뭔가 손에 들고 있지 않을 때 불안해한다. 어떤 이는 단상이 없으면 말하기를 어려워할뿐더러 허리 위로 제스처하는 것 자체를 어색해한다.

위의 예들은 모두 말하기 수업 사례이다. 수강생들이 환경과 대상, 경험에 따라 심리적 편안함이 달라지고 말하기에도 크게 영향을 미치는 것을 알 수 있다.

알면 관리할 수 있다. 불편한 상황을 조금만 바꿔줘도 말하기가 편안해진다. 편안한 환경을 알면 그 환경을 만들 수 있다. 말하기를 하는 데 최적화된 경험과 환경을 생각해보자. 말하기 환경을 나 스스로 통제하고 조절해야 한다. 그래야 말하기 흐름을 긍정적으로 전환할 수 있다.

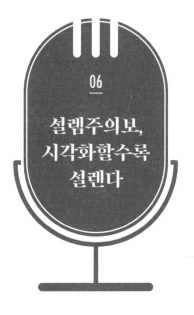

06

설렘주의보, 시각화할수록 설렌다

자기계발 프로그램, 리더십 프로그램에서 꼭 하는 것이 있다. 내가 어떤 장애물 없이 무엇이든 할 수 있어서 변화할 수 있다면 어떤 모습일지 10년 비전을 이미지화하는 것이다.

처음 카네기 리더십 프로그램을 접했을 때, 가슴이 뛰었다. 10년 후 비전을 앞에 나와서 이미지 그대로 발표하는 시간이었다. 10년 후 나의 비전! 나는 공부하는 학생이었고 하버드 교정을 거닐고 있었다. 깊이 있는 지식과 성찰로 하버드생들과 함께하는 교수의 모습이었다. 강사는 조건 없이 꿈을 꿔보라고 했다. 그래서 그렇게 이미지를 시각화했다. 무엇이든 할 수 있을 것 같은 변화에 대한 가능성, 외국인들과 영어로 대화가 되는 설레는 순간들, 그날 하버드 교정을 거니는 잔디밭의 잔디 하나하나의 촉감이 다 느껴졌다. 그토록 생생할 수 있을까 싶었다. 지금 생각해보면 당시 대학에서 강의하고 있었기에 그런 비전을 그리게 된 듯싶다.

그 꿈은 이루지 못했다. 나는 하버드가 있는 미국이 아니라 한국에 산다. 그렇지만 그때 그림으로 그린 이미지 덕분에 대학에서 학생들을 계속 가르칠 수 있었고, 하버드 교정은 아니지만 강사로서 각 대학의 캠퍼스 잔디를 느껴볼 수 있었다. 하버드에서 배우는 영어 글씨 가득한 두꺼운 교재는 아니지만, 하버드 스피치 책을 읽을 수 있었다. 카네기 리더십 프로그램의 강사가 되었고 리더십 강의를 할 수 있게 되었다. 그리고 깊이 있는 공부를 위해 박사 과정을 밟았고 박사학위를 받을 수 있었다. 그 하버드의 꿈을 온전하게 이룬 것은 아니지만, 나는 현재 내 모습에 충분히 만족한다. 그러고 보면 고맙게도 그때의 그 설렘이 지금의 나를 이끌어준 자석과 같은 역할을 한 것 같다.

그래서 그런지 나는 시각화(imagination)를 자주 한다. MBTI로 따지자면, F(feeling)가 강하다. 인간관계를 중심으로 두고 감정을 중시한다. 그래서인지 타인과 느낌이 연결될 때, 특히 존재 대 존재로 만나는 느낌이 중요하고 참 좋다. 이 느낌을 상상하고 시각화하는 게 취미다. 우리가 생각하는 것 대부분은 손에 잡히지 않는 불확실한 것들이어서 확실하지도 않고 모호하다. 그런데 뇌는 확실한 것을 좋아한다. 뇌는 우리의 안위를 위하여 모호하다면 걱정, 불안, 경계를 작동시킨다. 우리 선조들은 동굴에 그림을 그리면서 커뮤니케이션을 시작했다. 그러니 우리는 그림을 그리고 해석하는 능력을 본능적으로 가지고 있다. 그래서 그림으로 그리면 뇌는 이미 경험한 것인 양, 당연한 것인 양 그 모습을 그대로 재현하려고 한다.

대학에서 비언어 커뮤니케이션학 수업을 맡게 되었다. 학생이 많아서 실습도 어려웠다. 실습을 하면 삶에 적용도 하고 실질적인 수업이 될 텐데, 고민되었다. 무엇보다 학생들의 수준이 높았다. 비언어 커뮤니케이션학 강의는 처음이라 슬슬 걱정되기 시작했다. 특강도 아니고 15주! 중간고사, 기말고사 제외하면 13주를 나 혼자 말하고 이끌어 가야 했다. 그래서 일주일에 3일을 뺐다. 어떤 주는 한 주를 다 빼서 준비했다. 3일 동안 하루는 강의 준비, 하루는 PPT 만들기, 하루는 시각화했다.

눈을 감는다. 나는 인사를 하고 출석을 부르고 한 명 한 명과 눈을 마주친다. 강의를 시작한다. 앞에 학생이 고개를 끄덕인다. 핸드폰을 보던 학생도 집중하는 모습이다. 눈썹의 힘을 설명하면서 다음 과제는 눈썹 잘 그리고 오라고 했더니 학생들이 어이없다는 듯이 웃는다.

온종일 온종일 눈을 감고 강의 시뮬레이션을 한 것이다. 이렇게 강의하면서 사람들과 연결되고 느낌을 상상하고 시각화했다. 강의를 위해 일주일에 3일을 빼서 준비하는 열정도 있었지만, 그때 비언어 커뮤니케이션학 강의를 시각화한 경험은 강의할 때 도움이 많이 되었다. 효과를 보았기 때문에 자신 있게 말할 수 있다.

상상이지만, 직접 그 공간에 가서 강의해본 시각화의 경험이 실제 강의 현장에서 구현되는 걸 여러 차례 느낀다. 그래서 중요한 강의, 잘해야 하는 발표 등에 앞서서 말하기 시각화를 해봐야 한다. 처음부터 끝까지 말이다. 시각화를 하면 그린 대로 대부분 된다. 상상만으로도 좋다. 물론 실제로 미리 현장에 가서 리허설해보면 더 좋다. 말하기 코칭을 의뢰하는 이들 중 현장에서 리허설하는 경우도 많은데, 하고 나면 이미 현장에서 말하기 경험을 했기 때문에 확실히 더 잘하게 된다. 현장에서 미리 경험하면 더할 나위 없겠지만, 시각화를 해보는 것만으로도 좋다. 아무리 떨리고 걱정될지라도 뇌가 한 번 경험했기 때문에 잘해낼 수 있다. 상상을 하기만 해도 뇌는 경험한 것으로 생각하니까 말이다.

자, 이제 표현하는 데 노력하자. 시각화하여 그 모습 그대로 멋지게 구현하자. 시각화하면 설렘을 동반한 드라마틱한 결과가 뒤따를 것이다.

07

너 자신을
믿는 게
재능이야

좋아하는 일을 하지만, 가끔 이 길이 맞는지 헷갈릴 때가 있다. 일하면서 어떤 소명을 받은 듯 가슴 떨 때도 있지만, 여전히 사람들 앞에 서면 시선이 불편하고 마음이 무거울 때도 있다. 강의하기가 이렇게 재미있나 싶다 가도 부담스러워 피하고 싶을 때도 있다. 강사로서 이제는 어느 정도 성장했다 싶다가도 아직 갈 길이 멀었고 뭔가 더 해야 할 것 같기도 하다. 말을 잘하는 것 같아서 스스로 '만족스럽다' 싶다가도 왜 이렇게 어리바리 말하는지 말하기가 잘 안 풀릴 때도 있다. 강의 영역이 확장되는 것 같기도 하지만, 틀에 갇혀서 하는 것만 계속

되풀이하는 것 같기도 하다. 때때로 안전지대에 갇혀서 더 크게 성장하지 못하고 있는 것 같고, 열정을 다했음에도 과연 그들에게 도움 되고 있는지 의심스러울 때도 있다.

35년 차 강사님께 여쭈었다.

"이렇게 의심스럽고 불안한데…… 언제쯤 강의가 늘 잘될까요?"

그분이 말씀하셨다.

"나도 그래. 지금도 똑같아."

어떤 일에 장인이 되어도 우리는 자신을 의심하고 걱정한다. 이와 관련하여 배우 전여빈의 청룡영화제 수상 소감은 한번 곱씹을 만하다.

"제가 거미집에서 정말 사랑하는 대사가 있는데요. 김기열 감독이 '내가 재능이 없는 걸까요?'라고 말을 할 때 대답해주세요. '너 자신을 믿는 게 재능이야. 그게 재능이지.' 믿음이라는 게 참 나 말고 다른 사람을 향해서 믿음을 줄 때는 그게 너무 응당 당연한 것 같기도 하고 그게 너무 아름다운 마음 같기도 해서 믿어주고 싶은데, 나 스스로에게는 왜 그렇게 힘들어지는지 잘 모르겠어요. 근데 저는 영화에서 그 대사를 들을 때 기분이 너무 좋더라고요. 내가 다른 사람을 믿어줄 수 있을 마음만큼 스스로도 믿어줄 수 있었으면 좋겠고 혹은 내가 누군가를 믿어주지 못하겠다 싶을 때 나를 사랑하는 그 마음으로 믿어주고 싶어요."

남을 믿어주고 지지하는 만큼, 나를 믿어주고 지지해줄 순 없을까? 왜 자꾸 의심하고 불안해하는 것일까? 남의 강점은 믿어주고 지지와 격려를 보내주면서 정작 나 자신에게는 왜 그토록 기준을 높이고 박하게 잣대를 대는 것일까?

내가 가진 강점, 잠재력, 경험 들을 그저 믿어주면 어떨까? 내 안의 잠재력들은 내면의 목소리로 말미암아 깨어난다. 내면의 목소리는 나를 대하는 방식을 보여준다. 나에 대한 믿음의 데이터를 쌓자. 일기가 되었든, 스스로 중얼거리는 말이 되었든 표현하면 좋겠다. 적고 말하면 객관적으로 나를 보게 된다. 나를 많이 알면 알수록 나를 더 존중하게 된다. 그리고 언젠가는 말로 표현되는 날이 온다. 특히 나를 타인처럼 보게 되면 믿어주는 일이 좀 더 쉬워진다.

숫기 없던 나는 남들의 강점을 부러워했다. '어떤 압박에도 굴하지 않고 자기 의견을 저렇게 이야기할 수 있다니!', '어쩜 눈이 저리도 초롱초롱할까? 저 설득하려는 것 좀 봐. 말에 힘이 더해지네!', '저 상황에서 파워 제스처는 어떻게 나오는 걸까?' 등등 잘하는 것 위주로 보인다. 그런데 내 영상을 보면 확연히 달라진다. '고개를 왜 저렇게 많이 끄덕이고 말의 속도는 왜 이리 빠른 거야?', '갈등이 싫어서 의견을 접네!', '심하게 많이 웃네!' 등등으로 나 자신에게 엄격한 잣대를 들이댄다.

사실 완벽하지 않아도 되고, 모두를 만족시키지 않아도 된다. 큰일이 나는 것도 아니다. 내 마음속에서 소리치는 내 의견도 남의 의견을 대하듯 잘 들어주자. 그래도 괜찮다. 우리에게는 이미 남을 배려하는 본능이 있기 때문이다.

자신을 믿는 것도 재능이지 싶다. 남에게 관대하듯 나를 사랑스럽게 봐주자. 남을 보듯 나를 보고, 남을 대하듯 나를 대하자. 남을 믿듯, 나를 믿어보자. 그렇게 내면의 나와 대화를 시도하고 나를 믿어줄 때, 말하기가 더 편해질 것이다. 다른 사람에게도 나를 말할 준비가 됨은 물론이다.

STEP 1

TRAINING

: 나와 대화 시간 가지기

나 홀로 시간을 가지면서 하고 싶은 일, 나 자신에게 궁금한 것들을 정리해본다. 이 시간은 내가 좋아하고 원하는 것들로 채우면 된다. 독서, 일기, 낭독, 산책, 요가, 달리기, 커피 마시기 등 누리고 싶은 일을 적고 하나씩 시도해본다. 그리고 나 자신에게 에너지를 주는 것으로 시간을 보낸다. 이 시간은 차곡차곡 쌓여서 나의 말하기 재료가 될 것이다.

1 나를 위한 시간과 공간 확보

이 시간과 공간은 정해놓는 것이 좋다. 그렇지 않으면 우선순위에서 밀리기 때문이다. 나를 위한 혼자만의 시간을 꼭 확보하자.

📇 예시

시간	공간
오전 6~7시, 강의가 있는 날은 일어나기 한 시간 전	두 번째 방, 큰 책상(창밖 일출을 느낄 수 있는 공간)

시간	공간

2 나에게 질문해보기

현재 이슈가 되거나 감정 상태를 알고 싶은 것들을 솔직하게 질문하고 답한다. 노트에 써보는 것이 좋다. 쓰면 객관적으로 나의 상태를 알아볼 수 있고 나의 생각과 표현에 기준이 되는 것들을 알 수 있다. 혹은 과거에 심각하게 고민했던 것에 피식 웃음이 날 정도로 아무렇지 않게 지나간 것도 있다.

예시

- 한 시간 정도 시간이 있다면, 나를 위해 무엇을 하고 싶어?
- 무엇을 할 때 기분이 좋아?
- 어제, 선생님께 부탁드린 것이 왜 불편하고 힘들었을까?

- 만나기 싫은데 왜 만나기로 했을까? 앞으로 어떻게 하면 좋을까?
- 내가 그 프로젝트를 진행했다는 것을 부드럽게 어필하는 방법은 있을까?

적용

-

-

-

-

-

: 나에게 중요한 것 정리하기

가치 찾기는 어찌 보면 방대하게 느껴지는 일이다. 그래서 조금은 가볍게 시작했으면 한다. 나에게 중요한 기준점을 찍는다는 정도로 접근해보자. 생각을 하고 언어로 정리하는 순간 우리는 중요한 것을 중심으로 주체적으로 살고 표현하게 된다. 말하기 수업에서는 자신에게 인상적이었던 사건을 묘사하면서 자신에게 중요한 가치를 찾아보는 시간을 가진다. 사건으로 내가 중요하게 생각하는 가치를 찾아보자.

1 사건으로 말하기 기준점 찾기

나에게 중요한 것을 찾기 위해 과거에서 현재까지 내 삶의 사건들을 돌아보자. 어린 시절의 추억이나 사건, 몰입해서 성과를 냈던 경험, 타인에게 영향을 받았던 사건, 자신이 대단하다고 느꼈던 성취의 순간, 집안의 환경 등 과거의 경험들은 현재의 내 모습에 영향을 미친다. 아직 자신과의 대화를 하지 못했기 때문에 정리가 안 되었을 수도 있으니, 이 기회에 정리해보자.

- 어린 시절 기억에 남는 사건 & 현재 나의 모습에 영향을 미친 것 / 깨닫게 된 것
  - 초등학교 쪽지 시험 점수를 고쳤는데 들켜서 어머니께 매를 맞았다.
    : 정직하지 못하면 마음이 불편할 뿐만 아니라 괴롭다.
  - 초등학교 때 고운말 쓰기 상을 받았다.
    : 상을 받은 이후로 고운말을 더 쓰게 되었고, 사람들에게 그런 사람으로 인식되었다.
- 몰입했던 사건 & 현재 나의 모습에 영향을 미친 것 / 깨닫게 된 것
  - 대학교 때 장학금을 받으면서 공부가 더 재미있어졌다.
    : 몰입을 하는 과정 자체도 좋지만, 성적이 잘 나오니 인정받는 기분이 들었다. 몰입하면 어떠한 성과든 나오게 되어 있다.
  - 방송인이 되고자 결심하면서 목표를 향해 몰입했다.
    : 목표를 성취해 나가는 즐거움이 크다는 것을 알게 되었다.

적용

- 어린 시절 기억에 남는 사건 & 현재 나의 모습에 영향을 미친 것 / 깨닫게 된 것
- 몰입했던 사건 & 현재 나의 모습에 영향을 미친 것 / 깨닫게 된 것
- 타인에게 영향을 받았던 사건 & 현재 나의 모습에 영향을 미친 것 / 깨닫게 된 것

- 내가 대단하다고 느꼈던 사건 & 현재 나의 모습에 영향을 미친 것 / 깨달 게 된 것
- 행복을 주었던 사건 & 현재 나의 모습에 영향을 미친 것 / 깨닫게 된 것

2 인생 그래프로 중요한 기준점 찾아보기

인생 그래프는 과거와 현재까지의 내 모습을 긍정적, 부정적 느낌을 그려 도표화한 것으로, 한눈에 인생 흐름을 파악할 수 있다. 대개 사건들을 중심으로 그리기도 하고, 나이별로 긍정적 혹은 부정적 느낌을 따라 그리기도 한다. 기억에 남는 사건 중심으로 그래프를 그린다면 몇 살에 어떤 사건인지를 X축에, 사건에 대한 느낌은 Y축에 놓고 긍정과 부정으로 나눠서 점을 찍어 이어본다. 긍정은 (+), 부정은 (-)이다. 긍정의 느낌을 준 사건들의 공통점을 살펴보고 부정적인 느낌을 준 사건들을 분석한 뒤, 사건을 해석하면서 알게 된 점을 적어본다. 이제 인생 그래프를 그린 후 내가 알게 된 것들을 정리해보자.

나의 인생 그래프					
긍정	5				
	4				
	3				
	2				
	1				
부정	-1				
	-2				
	-3				
	-4				
	-5				
	( )세	( )세	( )세	( )세	( )세

인생 그래프를 통해 내가 알게 된 것들 예시

- 가족의 행복이 나에게 중요하다.
- 무엇인가 몰입하고 끈기 있게 하는 것이 나에게 중요하다(비록 결과가 안 좋더라도 상관없었다).
- 대학 강의가 긍정적 정서를 준다.
- 무엇인가 새로운 일에 도전하는 나를 좋아한다.
- 다른 사람들이 나를 어떻게 생각하는가는 중요하다(타인의 인정).
- 나는 어려움을 극복하는 자기 실현적 일을 할 때 의미를 발견한다.

- 깨닫는 것을 좋아하고 자기 인식의 시간을 즐긴다.
- 혼자 하는 것도 좋지만 소수의 다른 사람과 협업하는 것을 더 좋아한다.

긍정적 경험은 나를 행복하게 하는 요소, 중요한 요소를 알게 해준다. 그렇지만 부정적 요소도 나에게 분명 도움을 준다. 부정적 경험 덕분에 오히려 강해진 것들이 있기 때문이다.

내 경우, 박사 논문을 쓸 때 일과 학업과 육아를 병행했는데, 그러다 보니 논문은 점점 내 삶에서 멀어졌다. 안 되겠다 싶어 한 날, 마음먹고 아이들이 다 잠들고 난 뒤 새벽 시간을 활용해서 글을 쓰기 시작했다. 그렇게 수년을 썼다. 중간에 포기했다가 다시 쓰기를 반복했다. 그때 빈번히 내 능력에 좌절하여 맥 빠지기 일쑤였다. 써놓은 것들을 싹 버리고 다시 시작하기를 밥 먹듯이 했다. 그 인생 구간에는 성과가 없었기에 부정적인 생각만 가득했다. 나의 능력을 스스로 과소평가하고 남과 비교했으며 무슨 일이든 안될 것 같았다. 그런데 논문 막바지에 접어들었을 때 이상하게 즐거운 기분이 들었다. 분명 "이번에는 어렵다" 하는 평가를 받았는데, 즐거웠다. 완전한 몰입상태에 들어갔는데, 그 순간만큼은 너무 행복한 나머지 논문 통과 따위는 더 이상 중요하지 않았다.

일도 거의 못 했고 다른 사람만 부러워하며 지냈던 그 시기가 지금의 인생 그래프에서는 행복했던 순간으로 그려진다. 이제 나는 뭔가에 몰입하고 끈기 있게 해내는 것이 중요하고 행복을 준다는 걸 알기에 즐긴다. 인생 그래프를 통해 당장 부정적인 생각과 감정에 사로잡혀 있다 해도 잘 이겨내고 극복하면 성장할 수 있다는 믿음이 생겼다.

부정의 느낌은 긍정의 느낌보다 훨씬 강하다. 부정은 삶을 위협하고 인간의 본능을 건드리기 때문에 쉽게 잊히지 않는다. 그래서 그 부정의 느낌에 집중하는 것이 아니라 부정의 느낌이 준 깨달음에 집중해야 한다. 즉, 부정의 느낌을 잘 해석해야 한다. '나답게' 살기 위한 기준점을 찾기 위해 인생 그래프로 나를 세밀하게 들여다보자. 부정적 느낌을 준 사건들도 용기 있게 그려보자. 자신을 진정 알게 되는 것들이 분명히 있다. 인생 그래프는 한눈에 내 과거가 들어오기 때문에 앞으로 어떤 기준점을 가지고 긍정의 곡선을 그릴지 기대하고 나아갈 수 있다.

TRAINING 03

호흡 후, 반응 선택하기

반응의 공간을 늘리기 위해서는 멈추고 바라봐야 한다. 연습을 해도 멈추는 것이 잘 안된다. 알아차리는 데 호흡이 가장 빠르고 쉽다. 긴장할 때, 감정이 격할 때, 신체 기관 중 유일하게 스스로 조율할 수 있는 것이 '호흡'이다. 머릿속에 드는 생각이나 나타나는 행동(스트레스에 따른 행동)을 잠시 멈추고 마음을 들여다보고 자신에게 물어본다.

'왜 이렇게 불편할까?'

'어떻게 하면 좀 더 편안해질까?'

'지금 나는 어떤 상태인가?'

그러고는 호흡에 집중한다. 과하게 나오는 아드레날린을 호흡으로 전환해야 한다. 아드레날린은 혈액순환을 개선하기 때문에 호흡 속도를 높여서 더 많은 산소를 공급하도록 한다. 이를 스스로 조절하는 것이다. 호흡은 유일하게 내 마음대로 할 수 있는 부분이다. 가슴이 뛰고 손에 땀이 나고 배가 아프고 하는 이런 신체적 현상들은 스스로 조절할 수 없다. 하지만 폐는 스스로 조절할 수 있다.

말하려고 할 때의 떨림도 마찬가지다. 호흡으로 다스릴 수 있다. 대체의학 전문가 앤드루 웨일(Andrew Weil) 박사가 개발한 '4-7-8 호흡법'을 제안한다. 꾸준히 이 호흡법을 활용하고 있는데, 확실히 마음이 안정되고 동요되는 감정들이 가라앉는다. 이 호흡법을 할수록 멈추는 호흡의 중요성을 절감한다. 4초간 숨을 들이마시고, 7초간 숨을 참고, 8초간 숨을 천천히 내뱉는다. 8초에서 호흡이 확 나가는 경우가 많은데, 호흡을 내뱉을 때 조절하면서 한꺼번에 호흡이 나가지 않도록 훈련해본다. 그러면 호흡을 조절하려고 애쓰게 되고, 확실히 숨이 안정적으로 바뀐다. 호흡이 안정되면 톤을 잡을뿐더러 속도도 조절할 수 있다. 다소 산만한 움직임 또한 덜해진다. 4초간 들이마시고 7초간 멈추고 8초간 내쉬기! 들숨보다 날숨이 길어야 긴장감이 훨씬 줄어든다.

실전 4-7-8 호흡법

- 머릿속을 어지럽히는 생각들에 'STOP'이라고 외친다.
- 입을 다물고 코로 조용히 숨을 들이쉬면서 속으로 4까지 센다.
- 숨을 멈추고 7까지 센다.
- 스~ 소리를 내면서 8을 셀 때까지 입으로 숨을 천천히, 완전히 내쉰다.
- 2, 3회 반복한다.

TRAINING 04

: 강점의 파랑새는 어디에?

강점을 측정하는 도구는 여러 가지다. 그중 미덕의 강점을 소개한다. 긍정심리학에서 제시하는 강점인데, 미덕과 연결되어 있어서 기준으로 삼기에 좋다. 모든 문화권에서 고르게 드러나는 미덕(지혜와 지식, 사랑과 인간애, 정의감, 절제력, 영성과 초월성)과 이것들을 가지기 위해 실천할 수 있는 해당 강점 24개를 정리했다.

인성은 말할 때 그대로 드러나게 되어 있다. 성격적 강점은 무의식적으로 자연스럽게 나오는 것을 말하는 내 모습이다. 지식이나 기술로 습득된 것이 아니라 다른 사람에 비해서 무의식적으로 편안하게 나오는 강점이다.

나의 경우, 친절을 베푸는 데 강점이 있다. 그리고 어렵지 않게 사람들을 연결해주는 데 강점이 있다. 또한 타인의 동기부여에 불을 붙이는 활기의 강점이 있다. 이 세 가지가 대부분 다른 사람을 챙기고 돕는 강점이다.

어떤 이에게는 호기심을 가지는 것이 쉽게 할 수 있는 일이고, 어떤 이에게는 남다른 창의적 생각하기가 쉽게 할 수 있는 일이다. "제가 먼저 발표하겠습니다!"라고 나서는 용기 있는 사람도 있다. 우리 모두에게는 아무렇지 않게 나오는 자기만의 강점이 있다.

강점을 찾는 일은 파랑새를 찾는 것과 같다. 자신 안에 이미 있는데 다른 곳에서 찾는다.

나는, 누군가가 내게 말해주고 인정해주는 것이 강점이라고 생각했고, 뭔가 특별한 것이 강점이라고 생각했다. 강점이 없어서 외부에서 찾으려고만 했다. 강점이란 뭔가 대단한 것이라는 착각도 했다. 그런데 강점은 어떤 기술이나 역량일 필요가 없었다. 나에게는 친절, 용기, 돌봄, 활기, 사회성 등 이런 것들이었다.

누구에게나 내면에 강하게 발휘되는 강점이 있다. 그 강점의 파랑새를 찾아서 그 모습을 발휘하고 확장할 수 있도록 더 집중해야 한다. 그래야 나답게 말할 수 있고, 나를 존중하는 말하기를 할 수 있다.

창의성	호기심	학구열	개방성
새롭고 생산적인 방법으로 생각함	참여하는 활동에 호기심, 탐색과 발견	새로운 기술, 주제, 지식 숙달	모든 측면을 고려 조사하고 판단함

통찰	진정성	용기	인내
타인에게 현명한 상담가 역할	진실을 말하고 진실한 방법으로 자신을 표현함	위협, 도전, 어려움, 고통 앞에서 주눅 들지 않음	한번 시작하면 확실히 끝냄, 지속

활기	친절	사랑	사회성
열의와 에너지를 갖고 삶에 임함	타인에게 호의를 베풀거나 선한 행동으로 도움을 줌	타인과의 친밀한 관계에 가치, 나눔, 배려 실천	타인에 대한 동기와 감정 인지, 상대 마음을 잘 움직임

공정함	지도력	협동심	용서 / 자비
공정하고 정의롭게 모든 이를 동일하게 대함	집단을 고무하고 좋은 관계를 맺음, 조직에 관심	구성원으로서 열심히 일함, 집단에 충실	잘못한 사람을 용서하고 기회를 줌

겸손 / 겸양	신중함	자기조절	심미안
자기 업적을 떠들지 않음, 주목받으려 하지 않음	신중하게 선택, 과도한 위험을 감수하지 않음	느끼고 행동하는 것 조절, 자신을 통제함	미와 탁월성 감지하고 향유함

감사	희망	유머	종교성 / 영성
좋은 일을 감지하고 감사, 감사한 마음을 표현함	일이 잘될 거라 기대하고, 성취를 위해 노력함	웃고 장난치는 것을 좋아함, 타인에게 웃음을 안겨줌	더 높은 목적과 의미에 대한 믿음

10개를 적어보고, 5개로 줄여보고, 최종적으로 3개를 남겨보자. 다른 단어들이 생각난다면 그것을 적어도 좋다.

강점 10개

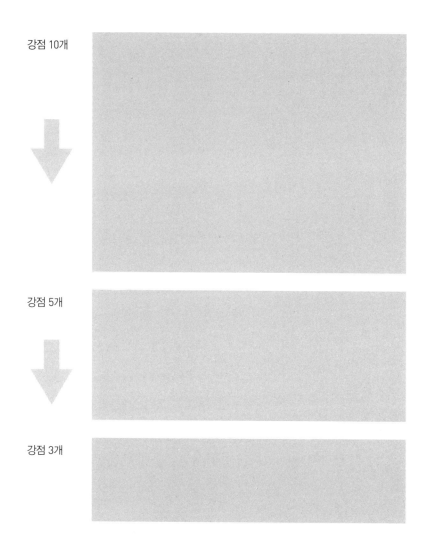

강점 5개

강점 3개

TRAINING 05

: 편안한 환경 셀프 인테리어하기

결국 자신감을 주는 상황에서 나타나는 현상들을 잘 관찰하고 활용하는 게 빠르다. 불안감을 주는 상황에서 자신감 있게 만들 환경을 미리 생각하고 불안을 불러오는 감정을 조절하는 훈련을 해야 한다. 자신의 느낌 또한 제어할 수 있다. 대본이 없을 때 불안하다면, 대본을 써서 연습한다. 직접 현장에 가서 연습해보고 익숙하게 만들 수도 있다. 또한 손에 뭐가 있어야 안심이 되면, 펜이나 큐카드(들고 하기에 좋은 내용을 적은 카드) 등을 준비하면 좋다. 자꾸만 다리가 떨리면 미리 움직임을 계획해서 차라리 크게 움직여보는 것도 한 방법이다. 질의 응답이 걱정된다면 몇몇 사람에게 질문을 의뢰하는 등 여러 경우를 예상해볼 수 있다. 또한 나를 우호적으로 쳐다보는 사람이 있으면 자주 쳐다보면서 집중하면 된다.

한 TED 강연에서, 소극적인 성격을 이야기하던 중 강사는 소품을 이용하여 연기를 했다. 소품을 들기도 하고, 의자에 기대면서 천천히 자신의 긴장을 다스린 것이다. 자신에게 맞는 방법을 찾아 연습해보자.

이를 통해 익숙하고 편안한 환경으로 전환하는 법을 체화하자.

결국 대중 앞에서 말할 때 나쁜 감정이 동반되느냐, 내게 도움 되는 긍정적 감정이 동반되느냐가 중요 포인트다. 말하기에서만큼은 명스피커로 기억되는 히틀러는 극적인 순간에 제스처를 치밀하게 연습한 후 연설했다고 한다. 그는 사람들의 감정 상태를 중심으로 스피치 구조를 구성해서 음성과 제스처도 청중의 감정선을 따라 변화를 주었다. 뒤에서 등장하여 청중이 뒤돌아보는 수고를 하게 했고, 해 질 녘 감정이 고조되는 시간에 연설했다.

환경을 잘 이용하는 것은 긍정적 감정을 일으킬 주된 수단이 될 수 있다. 불편함을 넘어서고 나를 편안하게 만드는 환경, 예컨대 소품 활용, 장소 활용, 거리 및 이동 활용, 청중 활용 등을 적극 계획해보자.

내가 편안한 상황	내가 불편한 상황
•	•
•	•
•	•
•	•
•	•

: 시각화 훈련하기

눈을 감고 깊은 호흡을 한다.

숨을 4초간 들이마시고, 8초간 내뱉는다.

3회 반복한다.

그다음 말하기 상황으로 들어간다.

문을 열고 들어가니, 사람들이 서로 대화를 나눈다.

앞에 몇몇은 들어오는 나를 향해 미소를 짓는다.

나는 가벼운 발걸음으로 무대 중앙으로 걸어 들어간다.

그러고는 배에 힘을 주고, 아주 온화한 미소를 보내면서 말한다.

"안녕하세요? 현지에서 여러분의 성장을 돕겠습니다. 조현지입니다."

내 목소리가 울려 퍼지자, 사람들이 일제히 나를 쳐다본다.

기대에 찬 모습으로 자세를 고쳐 앉고 반짝이는 눈빛으로 날 받아들인다.

강의가 있거나 누군가에게 교정적 피드백을 해야 할 때, 가끔 사용하는 방법이다. 이렇게 상상해보면, 생각보다 그리 긴장할 일이 아닐 수도 있겠다는 생각이 든다.

처음 시각화를 시도할 때는 긍정적이고 설레는 것들을 위주로 해보자. 왜냐하면 처음에 시각화를 하면 부정적인 것, 불안한 것이 상상되기에 긍정적 상황으로 시각화가 안될 수도 있기 때문이다. 다양한 경우의 시각화가 아니라, 긍정적이고 설레는 느낌의 시각화 과정부터 가지는 것을 목적으로 하자. 말하는 데 긍정적인 감정을 가지는 것부터 시작해야 한다.

: 굿잡 챌린지

상대방에게 말할 때, 자신감 있게 하는 것이 중요하다. 이 챌린지는 개인적으로 사람들 앞에서 말할 자격이 있는 나를 확고히 하는 데 도움 되므로 소개한다. 일명 '굿잡(good job) 챌린지'이다. 오랫동안 지속하고 있는 습관 모임에서 한 멤버의 제안으로 시작했는데, 나를 유능감 있는 존재로 바라보는 시간을 가질 수 있으므로 추천한다.

하루에 3개 이상 자신을 스스로 칭찬해주고 잘했다고 격려해주는 것이다. 중요한 점은 소소하고 평소에 당연히 하는 행동에 대한 칭찬도 아낌없이 해보는 것이다. 한번 곱씹어서 나의 잘한 것을 찾고 의미를 만들어주는 것인데, 매일 하면 무조건 효과가 있다. 말실수하거나 생각만큼 말을 잘 못했을 때도 그 감정에 머물러 있지 않고 스스로 격려함으로써 다음에 더 잘할 수 있게 된다. 그러니 꼭 시도해보자.

나의 굿잡 예시

- 일어나서 오늘도 꾸준히 낭독 명상 5분 한 것 잘했다.
- 귀찮음을 물리치고 밥 해서 먹은 것 잘했다.
- 책상부터 치우고 일 한 것 잘했다.
- 아이에게 화 먼저 내지 않고 호흡한 것 잘했다.
- 잘 쉰 것 잘했다. 그런 날도 있는 거지.
- 이런 경험을 해볼 수 있어서 고맙고, 시도한 것 잘했다.

적용

-

-

-

-

-

Practice

혼잣말 실행하기

셀프 토크 마스터
: 나를 수용하고 길들이기

5-Step Speaking Growth Training Guide

어떤 감정이든 현재 상황과 마주할 수 있는 것은 용기가 필요한 일이다. 그 용기를 가지기 위해 실천해야 할 때이다. 이번 장은 Practice(혼잣말 실행하기)이다. 여기서 혼잣말은 생각을 포함한다. 생각은 '자아커뮤니케이션(자신과의 대화)'의 한 형태이다. 그래서 내가 나에게 거는 생각과 혼잣말로 중얼거리면서 연습하는 것을 Practice 단계에 포함했다. 타인에게 표현하기 전에 혼잣말 연습을 해보면 좋겠다. 나의 언어 세계를 정리해볼 수 있을 것이다. 이러한 말하기를 훈련한 사람들은 이 부분에서 도움받은 경우가 많았다. 즉, 셀프로 표현해보는 것이다. 나에 대한 인식은 물론 어떤 사항에 대한 나의 의견도 정리해보면 좋겠다. 보통 생각도 안 해보고 상대가 원하는 대로 맞춰주는 경우가 있는데, 나의 주변에서 일어나는 일에 대해서도 하고자 하는 내 생각을 써보자. 혹은 혼잣말로 연습하면서 조금 더 안전한 마음이 들 때, 타인에게 표현해보자. 사람들 앞에서 말하는 일이 극도로 긴장되는 내향적인 당신이여, 사람들 앞에 서기 전에 셀프 토크를 마스터하자. 최고의 훈련은 자기 말에 최고의 청자가 돼주는 것부터. 내 목소리를 듣고 셀프 토크를 통해 수용하고 길들여보자.

01
내가
믿는방향으로
성장하는나

초등학교 때 제일 싫어하는 과목은 체육이었다. 특히 달리기! 달리기는 체육 시간마다 하는데, 100미터 달리기를 하면 끝에서 두 번째로 들어왔다. 꼴찌여도 튀기 때문에 꼴찌에서 두 번째로 들어오는 게 목표였다. 어릴 적 내향적인 성격은 많은 걸 포기하게 만들었다. 따라잡기 불가능하다고 생각해서, 시도하는 것보다는 해보기 전에 포기하는 게 더 많았고 중간만 해도 잘하는 거라는 생각이 컸다.

초등학교 3학년 전체 운동회 날이었다. 그날 유난히 컨디션이 좋았고, 같이 뛰는 아이들은 거의 나와 비슷한 달리기 수준이었다. 그래서 최선을 다해 한번 뛰어보자는 기특한 생각을 했다. 왜 그런 마음을 먹었는지 모르겠지만 첫 출발부터 좋았다. 달리기를 시작하자마자 거의 앞쪽에 있었다. 그런데 이게 웬일? 조금 숨이 넘어갈 듯 뛰니까 나의 두 발이 한 명씩 제치기 시작했다. 더 죽어라 달렸다. 그랬더니 2등을 하게 되었다. 앞에서 2등이다. 그것도 근소한 차이로! 그날 한 번도 경험해보지 못한 결승선에서 1등 친구들이 끊고 들어가는 결승선의 하얀 천 촉감을 느꼈다. 1등은 아니었지만, 이 세상을 다 가진 느낌이었다.

그날 이후로 포기하지 않고 그래도 한번은 해보는 습관이 생겼다.

"2등은 할 수 있다!"

내향적인 나도 뭐든 맘만 먹으면 할 수 있다는 생각이 생겼다. 물론 그 마음을 먹는 것이 잘 안되지만, 마음먹으면 원하는 모습의 내가 될 수 있다는 확신이었다.

생각이 내가 원하는 모습으로 행동을 변화시키기도 하지만, 반대로 비언어적 표현에 신경 쓰면서 원하는 내 모습으로 생각을 변화시키기도 한다.

방송인을 목표로 하면서 내 성격과 행동에 많은 변화가 있었다. 사람들 앞에서 말을 해야 했고, 전문적으로 보여야 했으며, 사람과 사람을 연결하는 사교적 역할도 해야 했다. 사교적 역할은 어느 정도 원래 성향으로 가능한 것이었지만, 대중 연설과 전문가의 분위기는 마음을 먹는다고 하루아침에 되는 일은 아니었다. 대중 연설은 내면적으로 표현의 욕구가 있었기 때문에 엄청나게 노력해서 어느 정도는 극복했다.

문제는 전문가 느낌이었다. 그래서 처음으로 한 일이 헤어스타일의 변화였는데, 긴 머리카락을 커리어우먼의 상징이던 어깨선 위의 단발로 커트하고 머리 뿌리에 힘을 주는 펌을 했다. 옷은 여성적이기보다는 전문성을 살리기 위해 어깨선이 직각으로 떨어지는 재킷, 청바지가 아닌 원색의 원피스나 투피스로 입고 다니기 시작했다. 어떤 일의 전문가는 눈빛에서도, 주고받는 말 한마디에서도 신뢰성과 전문성이 느껴지지만, 그 당시 나는 초보 방송인이었기에 전문적이고 신뢰할 느낌을 주기 위해서 먼저 이미지에 변화를 주었다. 헤어스타일, 옷 등은 커뮤니케이션학에서는 비언어 커뮤니케이션으로 분류된다. 이러한 비언어 커뮤니케이션도 언어 못지않게 영향력 있는 소통 도구이다. 이런 이미지적 변화는 나를 전문적으로 나타내는 데 효과가 있었다.

"아나운서세요?"

사람들은 나를 의도한 대로 봐주기 시작했다. 그런데 무엇보다 중요한 것은, 내가 나를 그렇게 봐주기 시작했다는 것이다. 전문적인 커리어우먼 느낌으로 차려입고, 굽이 있는 구두를 신고, 머리를 매만지고, 화장을 깔끔하게 하고 나가는 날은 허리를 꼿꼿하게 세우게 되고 어깨를 쫙 펴게 되었다. 걷는 자세, 앉은 자세도 신경 쓸 수밖에 없었다. 행동을 변화시킴으로써 마음과 생각이 영향을 받는 것을 느꼈고 확실히 효과가 있었다. 사람들이 그렇게 봐준다고 생각하니까 말을 해도 좀 더 자신감 있고 명확하게 전달할 수 있었다. 방송인이 되기 위해, 정확히는 방송인 뉘앙스를 내기 위해 이미지를 먼저 바꿨다. 이후 이상적인 내 모습과 현실의 내 모습이 조금씩 동화되었다. 이러한 표현은 타인에게 나라는 사람이 어떤 일을 하는지 나의 존재를 말해주기도 한다.

심리학자인 대니얼 카너먼(Daniel Kahneman)은 '경험 자아'와 '기억 자아'가 존재한다고 했다. '경험 자아'는 현재 내가 경험하는 것을 느끼는 자아다. 그리고 '기억 자아'는 지나간 경험을 회상하고 재해석하는 자아다. 예를 들어서 주사를 맞는 것을 느끼는 것은 '경험 자아'이다. 주사를 맞을 때 '아프다, 아프다, 계속 아프다'로 기억하면 주사 맞기가 힘들다. 그런데 '한 번 따끔하고 나머지는 괜찮았어'였으면 '한 번 따끔'만 참으면 되는 것으로 기억한다. 이것이 '기억 자아'이다. 주사를 맞는 게 그리 걱정할 일은 아닐 것이다. 그래서 어떻게 기억하고 있느냐가 참 중요하다.

달리기 2등을 경험하고 마음만 먹으면 달리기를 잘할 수 있을 것 같았다. 아나운서처럼 입고 행동했더니 어느 날 "아나운서세요?"라는 말을 들었다. 생각을 언어와 비언어로 표현하면서 '기억 자아'의 해석을 재구성했다. 경험하는 자아는 모두 동일했지만, 이런 표현들의 변화가 '기억 자아'를 새롭게 구성하게 되었다. 이렇게 말이다.

'방송인으로서 활동해도 되겠다!'

'마음만 먹으면 해낼 힘이 내게 있다!'

생각과 행동을 바꿔보자. 그리고 '기억 자아'를 해체하여 재구성하자. 말하기 싫고, 말 못 하고, 자신을 어필하지 못하는 '기억 자아'를 해체하여 재구성하자. 생각과 표현은 한 세트여서 서로 영향을 유기적으로 주고받는다. 내가 믿는 방향으로 성장하게 되어 있다. 조금씩 말이다. 끊임없이 셀프 자각을 통해 내가 믿는 방향으로 나를 성장시켜야 한다. 혼자서 하는 생각과 말도 내가 믿는 방향으로 성장시키자.

02

너무 많은
나 길들이기

'내 속엔 내가 너무도 많아.'

내 속엔 정말 너무 많은 내가 있다. 엄청 소심하다가도 어떤 일에는 또 적극적인 내가 되고, 아무 말도 못 하다가 어느 순간 스위치가 켜지면 세상에서 제일 안 떨고 말하는 내가 되고, 앞에 나서기를 꺼리다가도 일단 나서면 소위 찢어버리는 내가 된다. 세상 낙천적이다가도 세상 비관적인 내가 된다.

애니메이션 〈인사이드 아웃〉에는 5개의 감정 캐릭터가 나온다. 소심이, 버럭이, 기쁨이, 슬픔이, 까칠이다. 이 애니메이션을 보기 전까지 그동안 나는 '기쁨'만 편애하고 있었다. 스스로에게 '기쁨'을 강요하며 그것이 행복이라고 생각했던 것 같다. 삶이 늘 기쁨과 즐거움만 가득하면 얼마나 좋을까? 그런데 애니메이션을 통해 어느 하나 나에게 도움 되지 않는 감정은 없다는 사실을 알게 되었다. 그렇다. 태어나는 순간부터 '불안'이 있어서 조심하게 된다. 소심하고 불안하니까 더 성장하려고 애쓰고 말을 아낀다. 해야 할 말만 하게 된다. 굳이 나서지 않는다.

감정의 존재는 이유가 있다. 생각도 감정도 참 유기적이다. 작년 이맘때의 고민이 하나도 생각이 안 나고, 오전에 엄청난 감정의 쓰나미를 경험하고도 자고 일어나면 기분이 조금 나아진다. 너무 많은 내가 툭툭 튀어나온다. 일기를 쓰면서 혹은 혼자 생각하면서 그날 강하게 드는 감정의 캐릭터들을 소환해보는 작업을 하곤 한다. 그러다가 문득 일기도, 혼자 하는 생각도 남이 본다는 전제로 하고 있다는 생각이 든다.

'나는 왜 일기도 남이 읽어도 괜찮을 정도로만 쓰는 걸까?'

의심이 많았나 보다. 좀 더 솔직해지기로 한다. 기쁨이랑 한참 대화를 하고, 어떤 날은 소심이와 걱정 한가득 풀어놓고, 화가 나는 날은 그 마음 날것 그대로 글로 표현해본다. 가끔은 까칠하게 나를 쳐다보기도 하면서 모든 감정을 인정하고 들여다보니, 그다음부터는 하나의 감정만 편애하지 않게 되고 여러 감정을 소환해서 대화를 쓰고 이야기를 나누는 일이 즐거워진다. 모든 감정이 주는 메시지가 분명히 있다.

물론 내가 가는 방향에서 스스로 해주는 말은 도움 되는 말이어야 하고 남과 대화할 때도 긍정적인 대화법을 사용해야 한다. 그러나 "무조건 좋은 생각만 하세요! 무조건 좋은 감정만 가져야 해요!" 하는 게 능사는 아니다. 긍정적으로 대화하는 과정에서 화난 내 모습, 소심한 내 모습, 까칠한 내 모습, 슬픈 내 모습 등 모두 무시하지 말아야 한다. 그대로 바라보는 것이다. 그 감정을 들여다보면 또 금방 잔잔해진다. 기쁨도 마찬가지로 잔잔해지는 순간이 온다.

'이 또한 지나가리라.'

이 말은 정말 반박하기 어렵다. 모든 감정은 흘러가고 그대로 머물지 않으며 표현되기도 하고 성장, 진화하기도 한다. 기본적인 방향은 나의 성장에 도움 되어야 하는데, 내가 느끼는 모든 감정은 사실 내게 도움 되는 것들이다. 그러니 모두 인정하고 받아들이자.

기다리면 길들게 마련이다. 혹여 기다리는 것도 잘 안되면, 다른 사람에게 피해가 안 가는 선에서 표현하면 좋겠다. 너무 화가 나면, 노래방에서 고성방가하거나 숨이 차도록 달려보는 것도 한 방법이다. 아는 강사님은 강의 전에 푸쉬업을 한단다. 왜 푸쉬업을 하냐고 물었더니, 너무 떨려서 뭐라도 해야 할 것 같아서란다. 감정이 잘 흘러갈 것을 알기 때문에 웃으면서 그 노력에 박수를 쳐줬다.

일기 쓰기는 정말 좋은 방법이다. 자신을 표현하는 가장 안전한 장치이기 때문이다. 《아티스트 웨이》라는 책에서는 무의식적인 흐름으로 쉬지 않고 글을 써 내려가라고 권한다. 매일 아침 기상하면 무슨 내용이든 손수 3페이지를 써야 한다. 정신적인 잔여물을 정화하는 효과가 있고 창의적인 나를 만날 수 있다는 말에, 인생의 예술가로서 창의적인 나를 만날 수 있을까 싶어 일명 '모닝페이지'를 100일 동안 해봤다. 쉼 없이 쓰다 보니 정말 막힘없이 쓰게 되었다. 팔이 아플 만큼 써 내려가며 내 생각의 흐름을 읽는 날도 있었다. 가끔 속 시원히 상대방 욕도 하고 원망도 하면서 감정의 불순물을 다 쏟아내기도 했다. 그런데 이렇게 막 쓰다 보니 어느 날부터는 술술 쓰게 되었고 할 말이 더 많아지는 나로 발전했다. 이것이 창조적으로 나를 찾아가는 과정이다. 나를 조금 더 표현할 수 있다는 축적의 시간! 셀프 토크를 마스터하기에 참 좋다.

욕심을 내자면, 일기 등 글을 쓰는 과정에서 한 단계 더 나아가길 바란다. 수많은 나와 중얼거리면서 나와 대화하는 것이다. 즉, 말하기를 연습해보는 것이다.

나는 낭독 명상 모임을 진행하고 있다. 그저 책을 낭독하고 온전히 그 순간에 집중하는 것이다. 목적은 자신의 목소리와 친해지기였는데, 그 이상이다. 글을 낭독하다 보면 내 안의 여러 '나'가 등장한다. 할 일에 대해 고민이 많은 나, 어제 일을 곱씹는 나, 감기로 코맹맹이 소리가 나는 나, 나에 대해 화가 나는 나, 일주일 전에 들었던 말 중 기분이 좋았던 말을 생각하는 나 등 수많은 생각과 감정을 가진 '나'가 튀어나온다. 그때 현재, 여기로 다시 돌아온다. 그리고 머문다. 책을 일정 시간 낭독하고, 책을 내 말로 요약하거나 나에게 한마디를 음성으로 남기는 시간을 따로 가진다. 그때 오늘 만난 나에게 말로 격려하고 응원해준다.

"목 상태가 안 좋아서 짜증이 났지만, 끝까지 해냈네."

"많은 일로 부담을 느껴서 집중이 어려웠네. 그만큼 내가 필요한 존재인가 보네. 존재감 뿜뿜하자."

그 시간을 통해 길든 '나'가 나온다. 그렇게 나와 대화한다.

오늘 낭독도 그랬다. 할 일이 많아 원숭이처럼 이리저리 날뛰는 나를 발견한다. 호흡도 거칠고 톤도 안정적이지 못하다. 그렇지만 현재에 머물고 집중하려는 나도 있다. 둘이 서로 밀당을 한다. 한쪽은 주의가 산만한 원숭이 마음이고, 다른 한쪽은 현재에 집중하라는 수도자의 마음이다. 그럴 때 혼잣말한다.

"오늘은 할 일에 대한 걱정으로 낭독에 몰입하기 힘들었다. 그럼에도 다시 돌아와 현재에 머문 것은 잘했다. 대충 읽으려는 나를 인지했다. 그랬더니 다스려지는구나. 오늘의 문구 중 '나의 가치는 누군가에게 인정받아야 하는 것은 아니다'라는 말이 인상적이었다. 그래, 인정받지 않아도 된다. 이 과정에 최선을 다하면 돼. 오늘도 최선을 다하자."

혼잣말하는 것이 처음에는 너무 어색하다. 함께 모임을 하는 사람들도 그랬다. 그래도 꾸준히 낭독 명상을 하는 사람들은 스스로 말을 거는 자기 모습에 익숙해진다. 말은 밖으로 발화시켜 연습해야 한다.

익숙하도록 연습해야 다른 사람들에게 말할 때도 훨씬 편안한 자기 모습이 나온다. 나는 만날 만나는 수많은 나를 알아주고 길들이는 작업을 하고 있다. 확실히 나를 표현하는 것이 훨씬 편안해졌다.

지금 여기로 돌아와 나 자신에게 말을 걸어보자. 말하기가 편해진 나를 만날 것이다.

03
감이 있는
에너지 흐름:
자신감과 자존감
챙기기

　사람들 앞에서 떨림을 극복하고자 '나답게 스피치(스피치 스터디)'
에 참여한 A 양이 있었다. 딱 봐도 무척 겸손할뿐더러 모습에서도 진
정성이 묻어나는 수강생이었는데, 목소리가 심하게 떨리고 프레젠테
이션 중 '죄송합니다'를 너무 남발했다. 이에 녹화된 영상을 함께 보
면서 피드백했다.

　'괜찮으시다면', '죄송합니다', '시간을 빼앗아서' 등의 표현뿐 아니
라 당황해서 어쩔 줄 몰라 하는 표정, 잘 안되니까 빨리 끝내버리려는
급한 멘트, 얼굴 근육의 미세한 떨림, 쉴 틈 없이 움직이는 손가락 등

이 A 양의 심리 상태를 적나라하게 보여주고 있었다. 이미 본인이 경험한 이야기와 수년간 업으로 삼은 전공 이야기인데도 발표하는 데 긴장했고 자신감은 떨어져 있었다.

그래서 시작한 것이 '자신감 챙기기 훈련'이었다. 지피지기 백전백승, 상대를 알고 나를 알면 싸울 때마다 승리한다고 했다. 문제는 상대에 대한 파악은 잘되었는데, 본인에 대한 이해가 부족했다는 점. 그래서 먼저 질문들을 던졌다.

"왜 말을 해야 할까요?"

"이 행동은 어떤 마음을 대변하는 걸까요?"

"사람들에게 줄 수 있는 것은 무엇인가요?"

"단 한 가지를 전달한다면 무엇을 전달하고 싶은가요?"

"본인의 말하기를 방해하는 장애물은 무엇인가요?"

"자신이 생각하는 겸손함이란 어떤 모습인가요?"

"이 장애물을 극복하기 위해 무엇을 하면 좋을까요?"

"나에게 어떤 말을 해주고 싶고 상대방에게 어떤 에너지가 전달되면 좋을까요?"

"다른 사람들에게 어떤 영향력을 끼치고 싶은가요?"

"이 콘텐츠에 충분히 자신이 있다고 할 수 있을까요?"

"어떻게 하면 더 자신감을 가질 수 있을까요?"

"무엇부터 하면 될까요?"

"본인이 생각하는 이상적인 발표는 뭔가요?"

이 같은 질문들에 대한 답을 해보면서, 자신감을 끌어올릴 현실적인 방법들을 나누었다. 장애물을 극복할 방법과 더 자신 있게 보이기 위해 효율적으로 집중해야 할 부분에 관해서도 이야기를 나누었다. A 양의 진짜 말하기는 그때부터 시작되었다. 눈빛이 빛났고 좀 더 적극적으로 말하게 되었다. 그래도 A 양의 겸손한 느낌은 사그라지지 않는다. 그건 이미 내면에서 자연스럽게 흘러나오는 에너지였기 때문이다. 오히려 그 분위기가 더 좋았다. 남들 앞에서 말하는 것은 내가 타인에게 보내는 에너지 흐름 같다. 말은 온전한 현재의 나를 보여주도록 현재의 에너지를 흐르게 한다. 중요한 건 어떤 에너지를 흐르게 할지 내가 결정할 수 있다는 것이다.

스스로에 대한 믿음이 없고 상대의 에너지에 중심을 두면 남의 눈치를 보게 되고, 남이 나를 어떻게 평가할지에 중심을 두게 되면 자신의 말하기는 타인의 기준에 휘둘릴 수 있다. 내가 하는 말이 상대방에게 흘러가야 한다. 대상, 목적, 주제에 집중해야 한다. 그리고 내가 할 수 있는 이야기를 해야 한다. 말은 상대에게 흘러가야 상대의 마음에서도 살아 숨 쉴 수 있다.

A 양은 수많은 질문에 답하면서 자신감을 가지게 되었지만, 훨씬 더 큰 걸 얻었다. 자신의 말을 존중하게 된 것이다. 내가 하는 내 말은 나를 스스로 얼마나 존중하는지 보여준다. A 양은 당연히 중요한 PT

를 잘 마무리할 수 있었다.

　말하기 코칭을 하면서도 생각이 언어로 표현되어 내면의 나를 말해준다는 것을 경험할 때가 많다. 다양한 욕구를 가진 수강생을 만난다. 각자 말하는 목적이 다르다. 회사에서 중요한 발표를 하기 위해, 사람들 앞에서 떠는 것을 극복하기 위해, 면접을 위해, 강의를 위해, 정보 전달을 위해, 자기 어필을 위해 등등 가지각색이다.

　그래도 말하는 성향에 따라 두 그룹으로 나눠보자면 외향인과 내향인이다. 필요한 것이 다르다. 대개 외향인은 남들이 보기에는 말을 능숙하게 한다. 그들은 기본적인 말하기 기술이나 기법 외에도 남들이 자신의 말에 호감을 느끼고 자신의 이야기에 집중할 수 있는 부분을 훈련하길 원한다.

　반면, 내향인은 자신을 표현하는 것에 대한 기본적인 두려움이 있다. 다양한 내향인이 있겠지만, 말하기를 훈련하는 내향인 대부분은 사람들 앞에 서면 떨리고, 자기 의견을 똑 부러지게 말하지 못하고, 다른 사람의 말이나 반응에 휘둘린다. 거절하는 데 애를 먹고 반대 의견을 표하는 데 힘들어한다. 관찰해보면 겸손한 표현들과 다소 자신 없어 보이는 표현들이 그대로 나온다. 내향성이 강한 이들은 대중 앞에서 너무 떨려 말을 못 하는데, 그것이 자신의 업무 성과와 관계, 일상생활을 잘할 수 있게 하는 데 발목을 잡을 때가 많다고 한다. 이런 생각에 더 자신 없어 하고, 이미 충분한데도 스스로 인정하지 못하는 것을 보면 안타깝기 그지없다. 남의 말을 존중하기에 앞서 나의 말부터 존중하는 게 정말 중요하다.

표현을 돕는 코치로서 해를 거듭할수록 말하기의 두 가지 중요성을 느낀다. 두 가지의 감이 있으면 말하기에 날개를 달 수 있다. 첫째, 훈련으로 내가 말을 잘할 수 있다는 자신감과 둘째, 말할 자격이 있는 나를 인정하고 존중하는 자존감이다.

스터디에 참여하는 많은 이가 자신감을 얻고자 하지만, 더 중요한 것은 자존감이다. 내가 나의 말을 얼마나 존중하는지, 스스로 어떤 말을 믿는지가 중요하다. 가끔은 자신감을 보이는 현란한 기술보다 스스로 존중하고 말할 자격이 충분한 자신을 보여주는 자존감 있는 모습이 훨씬 더 깊은 감동을 줄 때가 있다. 그래서 자존감을 꼭 챙겨야한다. 표현의 가치를 전달하는 일을 하면서 깨달은 중요한 것은 내가나를 바라보는 그 모습 그대로 사람들도 나를 바라보고 내가 나를 믿는 만큼 사람들도 나를 믿는다는 사실이다. 말할 때 그 모든 게 표현된다. 그러니 더 신경 써야 한다.

한번 생각해보자.

'나는 나의 어떤 말을 존중하는가?'

스스로 말하다 보면 간과하던 부분에서 깨달음을 얻기도 하고, 새로운 관점에서 정리되는 내용들이 생긴다. 그것을 알게 되면 조금은 더 내게 도움 되는 말하기를 할 수 있다. '나는 괜찮은 사람이구나', '나의 잠재 능력을 알아봐주는 사람이구나', '나는 말할 자격이 충분하구나', '내가 참 애쓰고 있구나', '내가 잘한 것이 이리도 많구나', '이

기회는 나의 성장에 참 도움 되는구나', '내가 하는 일이 의미가 있구나' 등등. 이렇게 나를 존중할 수 있을 때, 비로소 자신감을 넘어선 자존감 있는 말하기를 할 수 있다.

자신감(self-confidence)과 자존감(self-esteem)은 결국 자아(self)와 관련이 되어 있다. 내가 스스로 제어할 수 있다. 자신감과 자존감은 누가 부여하는 것이 아니다. 나 스스로 나를 존중하고 나의 말을 신뢰하면, 스스로 그렇게 말해주면, 두 가지의 감은 그대로 따라온다. 나 스스로 어떤 말로 나를 제어할 수 있을지 생각하고 훈련해야 한다.

한 번 더 정리해보자. 말하는 데 두 가지의 감을 챙겨야 한다.

첫째, 자신감이다. 대상에 대한 명확한 이해, 나의 목적과 그들에게 주려는 목적 파악, 온갖 장애물이 있어도 지켜야 하는 주제의 명료성을 확고히 하자.

둘째, 자존감이다. 나의 말을 스스로 존중할 줄 알고 말하기를 열망한다는 것을 알리자.

04

나를 위한 말하기:
아무 말 대잔치

말하는 직업을 가지고 있지만, 말을 아끼려 하고 주도해야 하는 분위기가 아니면 아직도 듣는 게 더 편하다. 물론 주도해야 하는 분위기가 형성되면 즉시 활기찬 나의 모습이 나온다. 유튜브 채널을 시작했는데, 혼자서 주구장창 말해야 했다. 주도해야 하니까 말이다. 그럼에도 대상 없이 카메라 앞에서 혼자 대화하는 것은 쉽지 않았다. 그때 연습했던 말하기 연습 방법을 소개하고자 한다.

첫 번째, '글로 써서 읽어보기'다.

내향적인 사람들은 일단 오픈이 어렵다. 남에게 보여주는 게 쉽지 않으니, 아무 말이나 하라고 해도 잘 안된다. 아무 말이나 하고 들어보라고 하면 그건 더 못한다. 정리 또한 하나도 안 되어 있으니 아무 말이나 하면 처음부터 '나는 역시 말을 못해'라고 생각한다. 그러니 일단 쓰고 읽어보는 것부터 해야 한다. 글을 쓰고 그것을 읽어보면서 나의 표현을 살펴보는 것이다. 그냥 소리 내어 읽어보는 것만으로도 좋다. 표현 자체에 대한 용기를 키워야 한다. 글이든 말이든 '아무렇게나' 시도해보는 것이 중요하기 때문에 대본을 써서 그대로 읽어보자.

두 번째, '키워드로 말해보기'다.

유튜브 촬영을 하는데, 프롬프터(글이 보이는 화면)도 없었기 때문에 편집 없이 하려면 한 번에 끝까지 가야 했다. 아무래도 쉽지 않아서 다른 방법을 생각한 것이 '키워드 이어 붙이기'였다. 말하고자 하는 키워드 단어들을 쭉 적었고 이를 뼈대 삼아서 아무 말 대잔치를 하듯 살을 붙여 키워드 중심으로 말을 해보는 것이다. 그렇게 두세 번 연습하면 단어들이 연결된다. 그때부터 조금 자연스럽게 말할 수 있게 된다. 대본을 적고 그대로 읽으려고 하면, 중간에 꼬이거나 버벅거리기 쉽다. 왜냐하면 정해진 말들이 있기에 뇌가 자꾸 그 말을 하라고 시키기 때문이다. 그래서 자연스러움이 조금 떨어지고, 다음 문장을 기억하려고 애쓰게 된다. 신기하게도 그 모습은 그대로 보여진다. 그래서 자연스럽게 여러 번 해보고 말이 안 되어도 지속하면서 수정한다. 입에 일단 붙은 말은 언제든 나올 수 있다는 사실을 기억하고 아무 말이

나 하는 데 익숙해지는 걸 목적으로 삼으면 말하기가 점점 편해짐을 느끼게 될 것이다.

예를 들어 음성기관에 관해 설명한다고 하면, 키워드를 4개만 적는다. 호흡, 발성, 공명, 조음기관. 말할 거리가 더 필요하면 하나의 키워드당 3개를 또 적는다. 호흡(들숨, 멈춤, 날숨), 발성(성대, 소리 끌어올리기, 인중), 공명(입안, 목구멍, 가슴), 조음(모음, 자음, 혀) 등 내가 말할 것 중에 꼭 말하고 싶은 것만 키워드로 써놓고 슬쩍슬쩍 보고 말한다. 잘 아는 부분부터 키워드를 잡아서 이어 말하는 것이다.

세 번째, '상대에게 설명하듯 말하기 총량 늘리기'다.

말할 수 있을 때까지 연습하기다. 공부를 잘하는 사람들의 인터뷰 기사를 보자면, 그들은 배운 것을 반드시 자기 것으로 소화한다. 그리고 가르칠 수 있을 정도까지 내용을 숙지한다. 즉, 내 것으로 만들고 설명도 할 수 있다는 것이다. 몇 년 전 중고 서적에 가서 책을 구매하려는데, 직원이 말했다.

"고객님, 이 책은 한 번 구매하신 이력이 있는데요, 또 필요하실까요?"

두 번째 구매였던 것이다. 그래서 그다음부터 책 읽는 방식을 바꿨다. 다 읽고 키워드를 이어서 책을 리뷰해보는 것이다. 물론 말하기로 말이다. 말하기가 잘 안되면 블로그에 글로 리뷰한다. 그럼에도 기억과 마음에 오래 남는 말은 생각보다 많지 않다. 시간을 들여서 읽은 책들, 보석 같은 좋은 글귀들, 그 모든 것을 내 것으로 만들어야 그때부터 적용이 되고 의미가 된다. 이렇게 해도 겨우 조금 건진다. 적고 말했어도 기억이 잘 안 난다. 물론 당연히 읽었는지 안 읽었는지 모르는 수준은 아니다. 그것만으로도 다행이다. 이 작업을 지속하니, 점점 패턴이 생겼다. 녹화하면서 누군가에게 알려주려는 마음으로 아무 말이나 하면서 말하기 총량을 늘리니, 말하기가 점점 편해지기 시작했다. 그리고 상대방과 말할 때도 비슷한 내용이 나오면 술술 말할 수 있게 되었다. 왜냐하면 아무 말이나 하면서 정리가 되는 부분도 있기 때문이다. 아무 말이나 하다 보면 내 의식의 흐름도 알 수 있다. 본능적으로 끌리는 부분이 즉각적으로 나온다.

말하기 강좌에서 바로 발표시키지는 않는다. 물론 한 번은 스스로 연습하게(중얼거리게) 하고 사람들 앞에 서게 한다. 정말 부끄러운 사람이 많으면 이 작업을 혼자, 1:1로, 1:3으로 확장하면서 말을 많이 해보는 것에 초점을 둔다. 같은 주제로 말이다. 그러면 사람들 앞에 나와서 말하게 될 경우, 유연하게 잘한다. 말하기 총량을 늘려서 계속 기억하고 싶은 것들을 내 입에 붙게 만들자. 자석처럼 붙어서 말하고 싶을 때, 그 내용을 바로 꺼내 사용할 수 있게 될 것이다. 시작은 '아무 말'부터다. '아무 말 대잔치'를 통해 말하기 총량부터 늘리자. 아무 말이나 시작하다 보면 말하면서 정리되는 경우가 많다.

가수 지코의 '아무노래'는 이런 가사로 흘러간다.

왜들 그리 다운돼 있어?

뭐가 문제야 Say something
분위기가 겁나 싸해
요새는 이런 게 유행인가
왜들 그리 재미없어?
아 그건 나도 마찬가지
Tell me what I got to do
급한 대로 블루투스 켜
아무 노래나 일단 틀어
아무거나 신나는 걸로
아무렇게나 춤춰
아무렇지 않아 보이게
아무 생각 하기 싫어
아무개로 살래 잠시

우리에게는 분명 아무렇게나 말하고 싶고 자유롭게 표현하고 싶
은 욕구가 있다.

일단 녹화 버튼 눌러.
아무 말이나 일단 해.
아무거나 신나게 말할 수 있는 걸로.

혹시 아는가? 아무렇게나 하다 보면 말하는 것에 완전한 자유로움을 느끼게 될지도!

'아무 말 대잔치'에 초대한다. 말하기는 즐거운 것이다. 나를 표현할 자유를 허락하자. 나만을 위한 말하기를 해보자. 물론 상대방이 있는 대화에서 아무 말이나 하면 안 된다. 나를 위한 혼자만의 잔치다. 혼자 있을 때 아무 말이나 해보자. 말하기도 훈련으로 얼마든지 실력을 키울 수 있다. 실력이 늘기 시작하면 그때 다른 사람을 나의 말하기에 초대하면 된다.

05
적어도 나 자신은
감동시킬 수
있다

　50플러스센터에서 '스피치'와 '오디오 크리에이터' 수업을 한 적이 있다. 중년들을 만나러 가는 시간은 참 행복하고 의미가 있다. 스피치 강의이지만, 우리 모두의 삶을 만날 수 있을뿐더러 엄마로서, 한 기업의 리더로서, 공동체 리더로서, 팀원으로서, 은퇴 후 제2의 삶에 나서는 개척자로서 각자의 자리에서 이미 훌륭한 분들의 지혜를 들을 수 있기 때문이다. 매 수업 잔잔한 감동이 있다. 법정 은퇴 연령이 60세라는데, 그분들에게 나이는 숫자에 불가하다는 말이 딱이다. 또 다른 시작인 것이다!

그분들은 이제야 본인을 찾기 위해, 목소리를 찾기 위해, 자신만의 스토리를 찾기 위해 일주일에 한 번씩 먼 길을 온다고 표현하셨다. 그 정성만큼이나 선생님들의 사연이 감동적이어서 나 또한 매주 강의가 기다려졌다. 그 강의를 통해 말을 대하는 세 가지 자세를 정리해 보았다.

첫 번째, 우리는 모두 각자의 시기와 속도가 있다는 것이다.

배우고 익히는 데 나이는 중요하지 않았다. 그저 자신이 필요하고 할 수 있는 때가 있다는 것이다. 이제 본인의 목소리를 마주하게 되었다는 말이 눈물 나게 좋았다. 보통은 말하기를 하러 왔지만 부담스러워하는 것이 너무 보여서 시킬 때도 눈치가 보이는데, 먼저 하겠다고 적극적으로 손을 들어주셨고, 너무 떨리지만 극복하고 싶다며 떨리는 음성을 이어가셨다. 말씀을 너무 잘하시는데도 또 공부하고 싶다는 분, 뇌경색으로 말미암아 말이 잘 안 나오지만 그래서 더 말이 하고 싶다는 분을 보면서 간절하게 말하고 싶은 그 순간이 최적의 순간이라는 생각이 들었다. 우리 모두 각자의 때와 속도가 있다. 마음이 동할 때가 바로 그때다. 늦었다고, 지금 해서 되겠냐고 반문하지 말자. 결국 그 시기와 속도에 맞게 움직이는 내가 감동을 줄 것이다. 지금 책을 펼친 이 순간이 바로 적기이지 싶다.

두 번째, 남의 시선이나 비교는 중요하지 않다는 것이다.

그저 자신이 하고 싶은 것, 원하는 것에 집중했다. 그래서 녹음하고 녹화하는 것이 그리 주저할 일이 아니었다. 남들이 뭐라고 하든(사실 격려의 말이 대부분이다) 자기 목소리에 집중했다. 녹음 버튼 누르고 또 누르고 집에 돌아가서도 또 녹음 버튼을 눌러서 공유했다. 그 속에는 남과의 비교가 아니라, 현재 자기 모습이 조금 더 성장하길 원하는 그들의 모습이 있었는데, 그냥 도전하는 것이 행복해 보였다.

세 번째, 한계를 넘어서는 열정이 있었다는 것이다.

각자의 사연이 지문 같았다. 손가락 끝마디의 곡선처럼 나만이 가지고 있는 곡선의 지문. 스토리에는 한계를 뛰어넘는 도전과 지속하는 열정, 수많은 이야기를 풀어내려는 것에 진지한 열정이 있었다. 나를 말한다는 게 이런 것이다.

다음은 50플러스센터 '오디오 크리에이터 과정' 마지막 날 수강생 한 분이 낭독해주신 자신의 에세이 일부다.

4년 전 아프기 시작해서 2년 전부터 겨우 바르게 앉고 대화를 시작하게 되었다. 모래시계처럼 빠져나가는 기력. 지하철을 타고 세상 속에 다시 섞이기 위해 집을 나선다. 다시 말이 하고 싶어져서. 다시 소리를 내고 싶어서. 용기를 내어 50플러스 오디오 크리에이터 과정을 함께하게 되었다. 오늘의 기력을 소진하고 돌아갈 때 이상하게도 채워진다. 할 수 있는 만큼의 무리를 해서 또 오고 또 오게 된다.

낭독하는 그분의 목소리를 들으면서 눈물이 났다. 낭독하는 그분도 울었다. 결국 '나의 속도'를 따뜻하게 봐주고 '나에게 집중'하고 한계를 넘어서는 열정이 '나의 목소리'를 내게 한다. 그리고 스스로 감동한다. 녹음 버튼을 누르고 녹화 버튼을 눌러보자. 그 과정에서 나를 먼저 감동시키자. 그것으로 타인의 감동은 짝꿍처럼 따라오게 된다.

남에게 잘 보이고 싶어서가 아니라, 먼저 내 목소리를 내고 싶어서 말을 시작했으면 좋겠다. 누군가에게 잘 보이고 싶어서 말하기 시작하면 남이 중심이 되고 내 속도를 탓하게 되며 조바심이 난다. 나를 더 따뜻하게 바라보고 나의 목소리에 귀 기울이면서 나 자신을 먼저 감동시키기 위한 녹화 버튼을 누르자. 어떤 사람들에게 잘 보이려고 하지 말고, 나 자신에게 잘 보이려고 해보자. 나는 내가 평생 데리고 살아야 하는 중요한 존재다.

나를 위한 말하기, 지금부터 시작하자. 우선 나부터 감동시키자.

06

말할
자격이 있는 나,
말하기를
열망하라

어느 날 개인적으로 존경하는 지인이 연락해 왔다. 구성원 역량 강화 프로그램에 대한 PT가 있는데, 도와달라는 요청이었다. 흔쾌히 수락하고 보내준 발표 PPT를 열어보았다. 기획한 프로그램도 구성원들에게 도움 되는 내용이었고, 쉼표와 마침표 하나까지 섬세하게 설계되어 정성을 다해 준비한 게 느껴졌다. 얼마 뒤 줌으로 만나 실제로 리허설을 하게 했다.

시작하자마자 지인의 작은 목소리가 떨리기 시작했다. 무엇보다 톤이 한결같아 다소 지루하게 느껴졌다. 분명 본인이 하나부터 열까지 다 준비한 내용인데, 톤 때문인지 전달하는 데 열정이 안 느껴졌다. 중간쯤 되었을 때 말했다.

"잠시 멈출까요? 프레젠테이션을 전달하고자 하는 느낌이 잘 안 느껴져서요. 어떠신가요?"

"제가 이야기를 많이 하면 너무 지루할 것 같아서요."

내용과 그 안에 들어간 그분의 진심은 분명 느껴졌지만, 그 마음이 잘 표현되지 않았다. 그래서 PT가 얼마나 중요한지, 구성원들에게 얼마나 도움 될지에 대한 이야기를 먼저 나눴다. 본인이 말할 자격을 느낀 후에는 사실 어떠한 발표 기술도 필요 없었다. 이미 눈빛이 빛나고 음성은 열정으로 가득했기 때문이다. 태도를 달리했을 뿐인데, 많은 것이 달라졌다.

상대와 대화하는 것도 그렇지만 사람들 앞에서 말해야 할 때는 더욱 상대방이 '나를 어떻게 평가할까'에 대한 걱정이 기준될 때가 많다. 나의 말하기 기준도 전적으로 상대방이다. '내가 말하면 다른 사람들은 어떻게 생각할까?', '괜히 남에게 피해를 주는 것은 아닐까?', '시간 뺏는 거 아냐?', '오늘 저 사람 기분은 어떨까?', '나의 이야기가 저 사람에게 흥미가 없으면 어쩌지?', '내 발표가 형편없다고 생각하면 어쩌지?' 등등. 그런데 이런 식의 생각을 하는 순간, 자신감이 떨어지기 시작한다. 반응에 일희일비하게 된다. 생각하지 않아도 되는 일들을 미리 걱정하기 때문에 콘텐츠에 집중할 에너지마저 빼앗긴다.

물론 말하기는 듣는 사람이 중요하다. 하지만 그보다 더 중요한 것은 콘텐츠와 발표를 대하는 나의 태도다. 나 자신에게 물어봐야 한다.

'나는 진심을 다해 열정적으로 말할 수 있는가?'

전달할 때는 듣는 사람 위주로 전달해야 하지만, 기준을 나에게 먼저 맞춰야 한다.

'나는 열정적으로 전달할 태도를 가졌는가?'

내가 나를 바라보는 모습 그대로 사람들도 나를 바라본다. 그것이 그대로 표현된다.

먼저 나의 말에 확신을 가지고 확신이 들게 하는 이유와 근거를 찾자. 그리고 열정적인 태도로 말하자. 그렇지 않으면 눈치 보고 청중의 반응에 흔들릴 것이다. 말하기를 대하는 나의 태도에 따라서 그 열정이 드러난다. 크게 말하고, 전문성 있게 유연하고, 과하게 행동하는 것만이 열정은 아니다. 열정은 계속 느껴지는 끈기가 될 수도 있고, 다부지게 감쳐무는 입술일 수도 있다. 반짝거리고 따뜻한 눈빛일 수도 있다. 말할 자격이 있는 내가 이 이야기를 얼마나 하고 싶은지, 전달하고 싶은지를 보여주는 열정이면 된다. 셀프 토크, 즉 혼잣말 실행하기에서 태도가 형성되어야 한다. 그래야 타인과 말해야 할 때 용기 있게 입을 뗄 수 있다.

다른 사람과 말하기 전부터 기억하자. 말할 기회를 가졌다는 것은 열정적으로 말할 자격이 있는 뜻이다. 말하기에 중심을 잡자. 우리 모두에게는 말할 자격이 있다. 그 열정을 여봐란듯이 보여주자.

STEP 2

TRAINING

긍정의 '괜찮다' 셀프 토크

"그럼 그렇지, 내가……."

뜻대로 일이 안되었을 때, 나는 빈번히 이렇게 말하곤 했다. 물론 지금은 아니다. 긍정 커뮤니케이션과 자기계발 분야에 관심이 많았는데, 관련 책을 읽으면서 이를 하나하나 삶에 접목했다. 이로써 안 좋은 일이 있을 때 자책이 아니라 상황을 긍정적으로 해결하려는 셀프 토크(self-talk) 습관이 생겼다. 지금도 긍정적 관점에서 셀프 토크를 하려고 한다. 왜냐하면 우리는 하루에 적어도 12,000가지에서 많게는 50,000가지 생각을 하는데 생각은 셀프 토크, 즉 나와의 대화이기 때문이다. 이렇게 나와 수많은 대화를 나눌 기회가 있는데, 자신에게 도움 되는 말을 해줘야 하지 않을까?

심리학자 바바라 프레드릭슨(Barbara Fredrickson)은 긍정과 부정의 비율이 3:1이면 상대방과의 관계가 돈독해질 가능성이 크다고 했다. 마셜 로사다(Marcial F. Losada) 박사의 '로사다 비율'이라는 것이 있다. 기업에서 실적이 뛰어난 사업팀의 특징을 연구한 결과, 부정적인 피드백보다 긍정적인 피드백이 2.9배를 넘으면 조직이 발전할 수 있는 관계가 형성된다는 것이다. 가장 이상적인 비율은 '긍정 6:부정 1'이라고 한다.

나에 대한 생각이나 믿음도 부정이 먼저 불쑥 올라올 수 있다. 그럴 때, 의식적으로라도 긍정적으로 바꿔보는 훈련을 해보자. 최근에 부정적인 믿음이 올라왔다면, 이 믿음을 나의 성장에 도움 되는 말로 바꿔보자. 생각도 습관이라서 셀프 토크를 통해 긍정적으로 바꿀 수 있다. '괜찮아' 셀프 토크로 자신에게 조금만 더 너그러워지자.

🗂 괜찮아 셀프 토크 예시

- 이름을 왜 못 외우니?
- 괜찮아, 소소한 것들을 잘 기억하잖아.
- 걱정이 참 많구나. 한숨도 많고.
- 괜찮아. 걱정이 많아서 실수를 잘 안 하잖아. 한숨은 깊게 쉬는 호흡으로 바꾸자.
- 누가 봐도 바보 같은 짓을 했어.
- 괜찮아. 한 번쯤 그럴 수 있어. 다들 대수롭지 않게 생각할 거야.
- 나 같은 사람이 할 수 있겠어?
- 괜찮아. 한번 도전해보고 아님 말고. 나의 가능성을 확장할 기회일 수도 있어. 일단 도전해보자.
- 어떻게 저럴 수 있어?

○ 괜찮아. 그 사람은 그 사람이고 나는 나야. 그나저나 그 사람한테 무슨 일 있는 거 아냐?

● 내 이야기는 하나도 안 들어주네?

○ 괜찮아. 주도권을 상대에게 주면 나에게 필요한 이야기가 나올 거야.

● 할 일이 너무 많아서 벌써 지친다.

○ 괜찮아. 이번 일만 다 처리하면 조금이라도 쉴 수 있어. 나를 위해 뭔가 보상을 해줘야겠는데?

적용

●

○

●

○

●

○

●

○

말하기가 긴장될 때, 해결 중심의 '미래의 나' 소환하기

감정이 너무 복잡하거나 상황상 갑자기 이성이 바람처럼 사라질 때, 훈련하는 방법이 있다. 바로 '미래의 나'를 소환하는 거다. '미래의 나'는 미래 시점에서 상황을 조금 더 객관적으로 바라보고 이야기를 해줄 지혜와 혜안을 갖춘 나이며, '여러 나' 중 나의 모습을 이성적으로 바라봐줄 '나'이다.

'현재 나를 바라보는 미래의 나는 어떤 마음이 들까?'

'10년 뒤(조금 더 성숙한 어른으로서 나라고 가정했을 때) 나는 뭐라고 말해줄까?'

그래도 잘 모르겠으면 전문가를 소환한다.

'만약에 전문가라면, 이 상황을 어떻게 바라볼까?'

말할 때 많이 떨리는가? 그러면 있는 그대로 바라봐주고 인정해주는 '미래의 나'를 소환한다. 지금은 말할 때 떨리기보다는 설레지만, 과거의 떨리는 나에게 이렇게 격려해줄 것 같아서 네 가지 방법을 제안한다.

1 '감정에 이름을 붙여주고 길들여봐.'

긴장하면서 떨리는 감정에 압도당하지 말고, 이름을 붙여 길들여본다. 제삼자의 관점으로 내 감정을 객관적으로 들여다봐야 스스로 조절할 수 있다. 대니엘 시겔(Daniel Siegel) 박사는《감정은 패턴이다》에서 이를 '이름 붙여 길들이기(Name it to Tame it)'라고 했다. 감정에 이름을 붙이는 것의 효과는 많은 학자가 이야기하고 있다. 감정을 이성으로 전환해보는 것이다.

신경과학자 리사 펠드먼 배럿(Lisa feldman barrett)의《감정은 어떻게 만들어지는가?》에 따르면, 감성지능이 높은 사람은 많은 개념을 가지고 있다고 한다. 그래서 어떤 감정이 드는지 그때마다 이름을 꺼내어 사용할 수 있다고 하는데, 이름을 꺼내어 사용하면 본인의 경험을 조금 더 섬세하게 구성하고 느낄 수 있다고 한다. 즉 경험을 섬세하게 범주화한다면, 감정을 조절할 도구로 사용될 수 있다는 것이다.

내가 느끼는 감정을 알아차리고 그 감정에 이름을 짓고 섬세하게 정의를 내리는 것도 의식의 도구가 될 수 있다. 정의 내리는 것만으로도 뇌가 안심한다. 모르는 감정이 아니라 구체적으로 알고 있는 감정이기 때문이다. 예일대학교 감성지능센터의 연구에서도 초등학생들에게 매주 20~30분 감정 단어에 대한 지식을 주고 이것을 사용하는 시간을 가지게 했더니 사회적 행동, 학업 성적, 협력 등이 향상되었다고 한다. 자신의 감정을 알고 인정하는 것만으로도 일에 더욱 집중할 수 있었다.

2 '인식하는 도구를 만들어보면 어때?'

지인 중 한 분은 화가 나면 손목에 차고 있는 고무줄을 튕긴다. 의식하려고 하는 행동이다. 이는 화를 내는 자신을 알아차리고 화를 흘러가게 두는 일종의 화 조절 의식이다. 이 행위는《불평 없이 살아보기》에서 소개하는 불평 탈출 방법 '고무줄 활용하기'와 비슷하다. 고무줄을 오른손에 찬다. 그리고 불평할 때마다 고무줄을 왼손으로 옮긴다. 불평할 만한 일이었는데 불평하지 않았다면 다시 오른손으로 옮긴다. 처음에는 수없이 고무줄이 오른손에서 왼손으로 오고 간다. 이렇게 인식함으로써 불평에서 벗어나는 것이다.

말하기도 마찬가지다. 계속 긴장감이 들 때, 이를 알아차리는 자신만의 의식을 만들면 좋다. 떨리면 알아차리는 것이다. 주먹을 꽉 쥐었다가 힘을 풀었다가 꽉 쥐었다 힘을 풀어본다. 긴장과 이완이 한 번에 느껴질 거다. 떨리면 손가락을 모아 주먹을 쥔다. 그리고 가슴 높이로 올려볼 수도 있다. 떨리면 제일 표정이 좋은 사람을 쳐다보는 것이다. 떨리면 오른발에 힘을 주고 몸을 기울여서 인식해보는 것도 좋다. 소리가 더 힘 있게 나올 것이다. 떨리는 감정을 억누르지 말고 '너 왔어? 어서 와! 곧 갈 거지?' 하는 마음으로 오히려 의식해보자.

3 '신체 예산 조절해봐.'

다수의 사람 앞에서 말할 때, 떨리면 간단하게 몸을 움직여보자.
리사 펠드먼 배럿은 감정을 다스리기 위해 신체 예산을 조절하라고 한다. 감정의 조절이 잘 안되면 움직이라고 한다. 달리거나 체조하거나 춤추는 등 몸을 움직이면 그 상황을 조절할 수 있도록 뇌가 다른 쪽으로 에너지를 집중시킨다는 것이다. 떨리는 감정을 누그리기 위해 몸을 살짝 움직여보자. 장소나 상황을 바꿀 수도 있다. 예측을 바꿀 수 있도록 돕는 것이다. 공부가 안되고 일 처리 속도가 안 날 때 잠깐 산책하거나 스터디카페나 커피숍으로 옮겨서 하면 새로운 기분을 느낄 때가 있다.

말하기에서도 마찬가지다. 오른쪽에 서 있는 사람들은 왼쪽에서 말해볼 수 있고 약간 몸을 이동하면서 말해볼 수도 있다. 행동, 상황 등에 변화를 줌으로써 새로운 분위기를 연출할 수 있는 것이다. 익숙한 환경을 만들어서 활용하는 법도 있다. 자신이 개발한 발음 훈련을 하거나 간단한 요가 동작, 푸쉬업, 스트레칭, 명상, 노래하기 등 다른 행동으로 에너지를 다르게 만드는 것이다.

생각과 정서와 행동은 연결되어서 한 가지를 바꾸면 모두 다른 형태로 바꿀 수 있다. 스스로 편하게 바꿀 수 있는 것을 찾아보자. 생각이든 마음 상태이든 행동이든 바꾸면, 말하기도 긍정적으로 바뀔 것이다.

4 '토닥토닥, 당연하다고 말해줘.'

긴장감이 들거나 불안한 것은 당연한 몸의 반응이다. 새삼 '당연한 것'이라고 스스로 말해주자.

'이 상황에서는 누구나 떨릴 수 있어. 내가 이런 감정을 느끼는 것은 당연한 거야. 그래도 내가 내 감정을 알아차리고 다독여줄 수 있을 만큼 성장했구나. 잘하고 있고 더 잘해보자.'

이런 식으로 자기감정을 인정하고 다른 감정이 들어올 수 있도록 문을 열어주는 것이다. 남들도 그렇다는 말이 안정감을 줄 때가 있다. 내 경우, 한번은 청중이 많은 강의였는데 인사를 하지마자, 갑자기 입이 바짝바짝 말랐다. 진짜 그런 적은 거의 없는데, '이게 바로 입이 바짝 마르는 느낌이구나'를 인지했다. 나는 이렇게 내면 대화를 했다.

'오랜만에 왔구나, 너! 당연해. 이번 강의를 위해 준비를 많이 했고, 정말 잘하고 싶어 했잖아. 그래서 그래. 당연할 거야.'

떨리는 걸 당연하게 생각하자, 신기하게 다시 침이 고이기 시작했다. 이런 내면 대화는 상황에서 여유를 가질 수 있게 한다. 편안한 감정을 느끼기 위해서는 자신에게 좀 더 너그러워질 필요가 있다. 자신을 닦달하고 정신 차리라고 윽박지르면 안 된다. 자신의 감정을 알아주지 않으면 더 불안해진다. 떨리는 감정을 자꾸 누르려는 본능이 올라온다. 그 감정을 누르지 말고 먼저 알아봐주고 인정해줄 필요가 있다. 알아주면 다른 감정이 흘러 들어오게 마련이다.

'괜찮다. 당연히 떨리는 거야.'

명심하자. 감정은 머물러 있지 않고 흘러간다. 나를 조금만 더 길들이자. 말을 자신 있게 하는 미래의 내가 떨리는 나에게 격려해준다고 생각하면서 당연한 감정으로 받아들이자.

: 호흡을 길게 연습하고, 포물선 그리기

낭독할 때, 할 일이 많거나 마음이 안정적이지 않을 때가 있다. 그럴 때 음성이 요동친다. 숨이 제대로 안 쉬어지고 톤도 정신없이 왔다 갔다 한다. 마음 상태가 불안정하면 소리도 마찬가지로 불안정하게 나온다. 떨리거나 긴장이 되면 호흡이 뚝뚝 끊긴다. 말도 단절되는 느낌으로 나온다. 말 잘하는 사람들을 보면 호흡이 길고 소리가 안정적이다. 깊은 호흡이라고 하는 복식호흡도 몸 안에서 끌어올리듯 숨 쉬면서 편안하게 소리를 실으면 유연하면서도 전문적으로 들린다. 15초 정도 소리를 안정적으로 낼 수 있도록 훈련해보자. 훈련할수록 내뱉는 소리가 길어지고 훨씬 안정적으로 될 것이다. 혼잣말하면서 호흡을 길게 하고 포물선 그리는 연습을 하면 좋다. 이는 말할 때도 적용할 수 있다.

- '아~~~~~' 하면서 5초 동안 소리를 낸다.
- '아~~~~~' 하면서 10초 동안 소리를 낸다.

- '아~~~~~' 하면서 15초 동안 소리를 낸다.

소리를 멀리 내보는 훈련이 '목소리 포물선 그리기'다. 소리를 멀리 포물선으로 내뱉는 상상을 한다. 이는 소리가 멀리 나가게 하기도 하지만, 소리를 끌어올려서 멀리 내뱉는 것이기 때문에 깊이 있는 소리를 내게 할뿐더러 조금 더 풍성하고 입체적인 소리를 내게 한다. 특히 계단을 올라가고 내려오듯 각이 있는 소리가 아니라 둥근 소리를 내기 때문에 훨씬 말을 유연하게 부드럽게 하는 것처럼 들린다. 인사로 연습해보면 좋다.

- 소리가 발끝에서 끌어올려 저 멀리 장소 끝까지 포물선으로 보내진다고 생각한다.
- 숨을 들이마시고 내쉬면서 둥글게 포물선을 크게 그린다.
- 직선이 아닌, 둥글게 낸다.

'안녕하십니까?'를 할 때, 포물선으로 나오도록 멀리 "안녕하십니까?"라고 해본다. 그리고 가파른 계단을 오르듯 "안녕하십니까?"라고 해보자. 한 문장에 음높이를 나타내는 계단이 많으면 동화책 읽듯, 어린이에게 말하듯 들린다. 많은 이가 인사를 힘줘서 명료하게 하려다 보니 소리가 튀어 덜 전문적으로 들릴 때가 있는데, 높은 계단을 오르는 느낌보다는 부드러운 언덕을 오르고 내려오듯 포물선으로 부드럽게 올리고 내려본다.

호흡을 길게 포물선을 그리면서 내뱉는 훈련은 낭독이 효과적이다. 음성을 녹음하면서 들어보자. 소리가 길게 상대방을 향해서 둥글게 가고 있는가? 뚝뚝 끊어지거나 음이 너무 튀지 않게 포물선을 그리는지 확인해본다.

TRAINING 04

: 말하기 버튼 누르기(관찰한 것 묘사해보기)

관찰한 것을 묘사하는 훈련을 해보자. 관찰은 말하기에 자신감을 줄 탁월한 방법이다. 자기소개를 해야 할 때도 관찰한 것을 바탕으로 하면 색다른 자기소개를 할 수 있다.

최근 한 기업의 온라인 소그룹 모임에 코치로서 돕기 위해 참여했고, 자기소개를 해야 할 일이 있었다. 이렇게 시작했다.

"안녕하세요. 저는 말하기, 소통 강사로 활동하고 있는 조현지입니다. 오늘 온라인에 접속하자마자 한 분은 노래를 흥얼거리시고 한 분은 '언니~' 하면서 다른 분들과 대화를 나누는 모습을 보고 분위기 참 좋다고 생각되었습니다. 유쾌한 분들과 함께하게 되어 기대가 됩니다. 저도 많이 배우고 활발하게 의견 나누도록 하겠습니다."

관찰한 사실을 토대로 분위기가 좋아서 기대된다고 말했더니 분위기가 더 좋아졌다. 우선은 관찰한 것을 말해보는 연습부터 해본다. 그리고 이를 말에 적용해보면 탁월한 말하기가 될 수 있다. 혼자 중얼거리는 것을 넘어서서 실제 듣는 사람이 있다고 생각하고 녹음 버튼을 눌러보자.

지금 당장 주변을 둘러보자. 다음은 예시로 커피 전문점에서 관찰한 것을 열 가지로 정리해본 것이다.

❶ 스타벅스이다.

❷ 20여 명의 사람이 있다.

❸ 가위바위보를 하는 연인이 있다.

❹ 대학생 정도로 보이는 여학생 두 명이 같은 방향의 옆자리에 앉은 채 노트북으로 워드를 치면서 서로 이야기를 나누고 있다.

❺ 유치원생으로 보이는 아이와 함께 온 아빠가 핸드폰으로 아이에게 유튜브를 보여주고 있다.

❻ 귀에 무선 이어폰을 꽂은 남성은 노트북으로 워드를 치면서 한 모금씩 아이스 아메리카노를 마시고 있다.

❼ 유모차를 끌고 들어온 후드티를 입은 여성이 카운터에서 주문하고 있다.

❽ 네 번째 손가락에 금색 반지를 낀 남성이 전화하면서 고개를 돌려 주위를 살피고 있다.

❾ 8인용 책상 위 콘센트에 충전기 2개가 꽂혀 있다.

❿ 크리스마스 캐럴이 흘러나오고 있다.

이렇게 관찰한 것을 이어 붙여서 말해본다.

스타벅스에서 전해드립니다. 이곳에는 20여 명의 사람이 있습니다. 가위바위보를 하는 연인이 보이고, 대학생 정도로 보이는 여학생 두 명이 같은 방향으로 옆자리에 앉은 채 노트북으로 워드를 치면서 이야기를 나누고 있습니다. 아이와 함께 온 아빠도 보이는데요, 핸드폰으로 아이에게 유튜브를 보여주고 있습니다. 귀에 무선 이어폰을 꽂은 남성은 노트북으로 워드를 치면서 한 모금씩 아이스 아메리카노를 마시고 있습니다. 유모차를 끌고 들어온 후드티를 입은 여성도 보이는데요, 카운터에서 주문하고 있습니다. 눈을 돌리니 네 번째 손가락에 금색 반지를 낀 남성이 전화를 하면서 주변을 살피고 있네요. 중앙에 8인용 책상이 있는데요, 책상 위 콘센트에 충전기 두 개가 꽂혀 있습니다. 지금 이 매장에는 크리스마스 캐럴이 흘러나오고 있습니다.

그냥 관찰된 사실만으로 말하기 연습을 하는 것이다. 관찰한 것을 말하듯 묘사하는 게 처음엔 잘 안되지만, 점점 관찰력도 늘어나고 말할 내용이 많아짐을 느낄 수 있다. 나중에는 정리하지 않아도 즉각적으로 관찰한 것을 말할 수 있게 된다. 처음 연습할 때는 전체적 분위기, 세세한 묘사 등 주변 묘사하기로 시작하자. 그리고 여기에 느낌을 넣어보기도 하자. 위의 예처럼 말이다. 나만의 말하기 버튼을 누르자. 그리고 말에 살을 붙이자.
또 다른 방법 하나를 소개한다. 책을 읽으며 책 내용을 요약 혹은 적용할 부분을 스스로 녹음해본다. 보통 누군가 대상이 있을 때, 말하는 것에 긴장감이 생긴다. 자신을 대상으로 생각하고 말해보는 것이다. 자신을 2인칭, 3인칭의 다른 상대라고 생각하고 말을 걸어본다. 그러면 말하기 연습이 잘된다. 편한 대상이기 때문이다.

"현지야, 오늘 읽은 부분은 네가 늘 말해오던 태도에 대한 것이네. 어떤 부분이 와 닿았어? 작가가 말하는 2장, 5장은 꼭 기억해서 네 삶에 적용하면 좋겠다. 잘해왔고 잘할 수 있어. 조현지, 파이팅!"

물론 처음에는 어색한데, 하다 보면 혼잣말하는 내가 자연스럽게 느껴진다. 나의 말하기를 지지해주고 응원해줄 사람, 그 첫 번째는 바로 나 자신이다. 나 자신을 믿고 일반 녹음 버튼 누르자. 그리고 관찰한 것을 말해보자. 현재에 집중하여 들어보면서 말을 유연하게 잘할 수 있도록 훈련하자.

: (아무 말이나 하고) 덩어리를 지어 다시 하기

아무 말이나 하는 것은 중요하다. 글로 쓰는 것은 할 만한데, 혼자 중 얼거리는 것은 환경이 갖춰져야 할 수 있었고 에너지가 많이 든다. 되도록 혼자 있을 때 그날 있었던 사건(일정), 느낌, 생각 등을 정리 없이 막 말해본다. 그게 어색하면 앞서 이야기한 책 낭독도 좋다. 책 낭독 후 느낀 점, 적용할 점 등을 말해보는 것이다. 아무 말이나 하다 보면, 이제 슬슬 구조를 갖추고 말을 잘하고 싶다는 생각이 들 것이다. 그때 덩어리를 지어서 말해보면 좋다.

재능을 키우는 것에도 패턴이 있다는 《탤런트 코드》의 저자 대니얼 코일(Daniel Coyle)은 재능을 연습하고 훈련할 때 '청킹(chunking)'을 사용하라고 한다. 청킹은 의미 있는 체계로 묶는 것으로, 심리학에서 조직화 과정을 일컫는 용어다. 경우에 따라 덩이지기(Clustering), 조직화(Organized), 그룹핑(Grouping) 등의 용어도 같은 의미로 사용된다. 그는 이러한 청킹은 인지 활동 외에도 신체 활동에도 적용된다고 말한다. 그러니까 체스나 기억력 대회 같은 인지적 활동 외에도 신체적

활동 또한 청킹을 이용하면 재능을 더 연마할 수 있다는 것이다. 체조 선수가 마루운동 동작을 연습할 때도 작은 덩어리들을 훈련해서 큰 덩어리로 구성하면 결국 능숙하게 할 수 있게 되는 것이다.

말하기 훈련에서는 청킹을 두 가지 부분에서 사용한다. 하나는 내용을 구성하는 인지적 구성, 훈련을 하는 활동적 구성에서 청킹을 사용한다. 내용도 청킹 기법으로 묶고, 말하기를 연습할 때도 청킹으로 하면 좋다.

먼저 내용 구성의 청킹 방법이다. 미국의 심리학자 조지 밀러(George Miller)의 7±2 법칙(5~9개가 기억하기 좋다)도 묶을 때 내용을 더욱 잘 인지할 수 있다고 했다. 또한 인지심리학자 아트 마크만(Art Markman)은 《스마트 싱킹》에서 사람이 기억해낼 수 있는 것은 세 가지라고 했다. 결국 세 가지 덩어리로 묶어서 준비하면 더 많은 내용을 청중에게 기억하도록 만들 수 있다. 내용이 많아질수록 의미 구조를 조직화해서 묶을 필요가 있다. 먼저 서론, 본론, 결론(오프닝, 바디, 클로징)으로 묶는다. 그리고 본론에서 이야기하고자 하는 바를 세 가지로 묶는다. 묶는 방법은 내가 어디에 의미를 두느냐에 따라 다르다. 묶는 것도 기준이 있으면 좋다. 시작, 본론, 결론으로 정리해보고 목적에 따라 다음과 같은 방법도 참고해보자.

1 시간순으로 묶는다

말의 목적이나 내용에 따라서 과거, 현재, 미래 순으로 배열해 말한다. 과거의 이런 현상이 현재에 영향을 미쳤고 현재 이러한 노력을 하고 있으니, 앞으로는 이렇게 될 것이라는 식으로 비전 공유, 미팅 등에서도 사용할 수 있다. 인터뷰 등에서도 자주 사용되는 묶음 구조이다.

2 단계별로 묶는다

사용 설명이나 정보를 공유할 때 1단계, 2단계, 3단계 순으로 묶어서 이야기하면 훨씬 기억하기 쉽다. 예컨대 요리 전문 유튜버라면, 요리 순서대로 영상을 단계적으로 엮어 공유한다면 구독자들이 훨씬 쉽게 따라올 수 있을 것이다.

3 정반합(正反合)의 구조로 묶는다

기본 구도 '정'에 그에 반하는 '반', '정'과 '반'의 갈등을 통해 배제되고 '합'이 된다는 구조를 활용한다. 반대되는 두 의견을 통해 합을 이끌어내는 말하기에서 사용할 수 있다.

4 분류하여 묶는다

첫째, 둘째, 셋째 등으로 묶거나 주장, 이유, 예 등으로 비슷한 것끼리 분류한다. 20대, 30대, 40대 등 연령별로 분류하는 등 비슷한 것들끼리 분류해서 말하는 방법이 있다.

이런 청킹은 말의 목적과 내용에 따라 여러 가지로 구성할 수 있으니 참고하자. 단순한 나열이 아니라 의미 있는 연결이 될 수 있도록 내용을 의미별로 그룹 지어야 한다.

청킹 구조 1	청킹 구조 2	청킹 구조 3
서론	본론	결론
Opening	Body	Closing
말할 것을 말하라	말하라	말한 것을 말하라

TRAINING 06

: 나의 말에 확신을 가지기
(근거와 예를 들어 말하기 연습)

'왜냐하면'은 큰 힘을 가지고 있다. 내 말의 근거와 이유를 말해주기 때문이다. 하버드대학교 알렌 랭어(Ellen Langer) 교수는 여러 언어 연구를 실시했다. 그는 캠퍼스 복사기 앞에서 긴 줄로 서 있는 사람들 사이에 끼어들어 먼저 복사할 수 있는지 묻는 실험을 했다. 첫 번째 그룹에는 5페이지를 복사해야 하는데 복사해도 될지 양해를 구하는 질문만 했고, 두 번째 그룹에는 5페이지를 복사해야 하는데 굉장히 바쁜 일 때문이라는 근거를 붙여 요청했다. 첫 번째 그룹은 60% 양보했고 두 번째는 94% 양보했다. 그다음은 5페이지를 복사해야 하는데 '복사를 꼭 해야 하기 때문'이라는 단순한 이유를 대고 요청했다. 이번에도 93%가 양보했다. 복사량을 늘려서 실험했을 때도 결과는 같았다. '왜냐하면'의 근거가 나오는 순간 그 내용을 떠나서 뒤에 합당한 내용이 나올 것이라는 강한 연상이 작동되기 때문에 어떤 이유이든 양보하는 확률이 높아진다는 것이다.

말할 때도 마찬가지다. '왜냐하면'의 근거가 제시된 말과 그냥 하는 말에는 차이가 있다. 말에는 이유와 근거가 중요하다. 상대에게 말하는 데 내가 전달할 말의 근거와 예들이 풍부하면 자신 또한 열정적으로 말할 수 있다. 근거가 있는 말하기이기 때문이다. 예를 들어서 설명해주면 이유와 근거가 명확하기 때문에 더 이해하기 쉽다.

'왜냐하면'과 '예를 들어서'를 대화에 녹여 계속 훈련하자. '왜'의 질문으로 시작해서 주제가 있는 물음으로 확대해본다.

📚 '왜냐하면' / '예를 들어서' 연습 예시

- 왜 근거 연습을 해야 하지?

- 왜냐하면 근거를 제시해야 말에 신뢰감이 생겨. 예를 들어서 "나이가 들면 더 건강에 신경 써야 합니다"라고 말하는 것보다는 "나이가 들면 신체 기능이 저하되고 만성 질환 발병 위험이 증가하기 때문에 더 건강에 신경 써야 합니다"라고 말하는 게 더 신뢰감이 생기겠지.

TRAINING 07

: 나를 감동시키기(울리는 소리)

소리만 들어도 뒤를 돌아보게 하는 울림이 있는 소리를 들어본 적 있을 것이다. 사람마다 다른 성대를 가지고 있는데, 마음이 편할 때 최적의 울림소리가 나고 최고의 목소리를 낼 수 있다. 긴장감이 없는 이완 상태이기 때문에 소리가 잘 울린다. 좋은 소리는 잘 울리는 소리다. 공명감이 있는 소리는 마음의 안정을 주기 때문에 공간을 울릴 뿐 아니라, 상대의 마음도 울리게 만든다.

제일 쉽게 공명을 줄 수 있는 방법은 입 안쪽 공간을 크게 만드는 것이다. 입천장을 높이고 혀로 입천장 뒤쪽에 가져다 대면 부드러운 살이 느껴지는데 그곳이 연구개이다. 연구개를 올려주면 공간이 확보된다. 하품하듯 안쪽 공간을 넓게 만들어서 소리를 내라는 이야기를 많이 들어봤을 것이다. 소리가 울릴 공간이 크면 소리가 풍성하게 나온다. 구강을 위주로 울리면 빠르게 소리가 울리는 것을 느낄 수 있다. 전반적으로 몸 전체를 울린다는 느낌을 가지면 된다. 우리의 몸통은 악기이기 때문에 몸의 이완을 통해 공간이 울릴 수 있도록 한다.

가슴 쪽에 손을 대고 말해보면 몸통이 울리는 듯한데, 그러면 전반적으로 힘이 빠지는 걸 느낄 수 있다. 잘 안되면 가슴에 손을 얹고 몸이 울리는 것을 느끼며 말해보자. 웅얼거리는 소리, 흩어지는 소리가 날 때가 있는데, 이는 공기가 어디로 가야 할지 몰라 방황할 때 난다. 공명 기관에서 소리를 모으면 된다. 특히 입 안쪽 공간에 소리를 모아서 인중을 뚫고 나간다고 생각하면서 소리를 내보자. 몸의 울림이 느껴질 것이다.

📠 예시

평소 좋아하는 책을 펼친다. 그리고 한 문단을 나에게 감동을 준다고 생각하고 울리게 해보려고 하자.

1. 하품을 한다. 하품할 때 입 안쪽 공간이 벌어지는 것을 느낀다.
2. 입 안쪽 공간이 벌어지는 그 느낌으로(성악가처럼) 책을 읽는다.
3. 입 안쪽 공간에 소리가 머물러 있게 하지 말고 인중을 뚫고 나가는 느낌으로 소리를 낸다.

: 3분 스피치 이어달리기
(셀프 토크 마스터하기)

앞서 내용을 구성할 때 청킹을 훈련했다. 이번에는 말하기를 연습할 때의 청킹 활용하기다. 혼잣말을 실행할 때 3분으로 내용을 구성해서 3분을 이어 묶어보는 것이다. '혼잣말 실행하기'는 꼭 3분 이상으로 해보자. 3분을 채운다는 것은 쉽지 않다. 우리가 목표로 하는 것은 사람들 앞에서 말할 때, 말 잘하고 싶어서인데 입 밖으로 말이 안 나오는 것부터 해결해야 한다. 그러니 3분 분량의 말을 계속 훈련하면서 말하기 분량을 늘려보는 것부터 시작해보자.

직장을 다니다가 프리랜서로 강의를 하기 위해 말하기 훈련을 받은 수강생이 있었다. 그분은 사람들 앞에서 말하는 게 너무 두렵고 발음이 꼬이는 자신이 너무 싫다고 했다. 그때 진행한 것이 3분 스피치를 이어 붙이기였다. 스토리도 3분, 콘텐츠 설명도 3분, 중간에 흥미를 일으키는 부분도 3분으로 훈련했다. 시간이 오래 걸릴 것 같았지만, 처음 몇 개를 구성하니 그다음부터는 엄청나게 빨라졌다. 처음 3분을 성심성의껏 준비해보면, 그 이후는 조금 쉬워진다. 3분 스피치를 연습하면 확실히 말하기가 쉬워질 수 있다. 3분 스피치는 어떤 이야기를 해도 된다. 다만, 대본처럼 적지 말고 키워드를 적고 생각나는 대로 말하는 것부터 해보자. 셀프 토크이기 때문이다. 나만 듣는다. 그리 부담도 없고 말하기가 즐거워질 기회가 될 수 있다. 나의 상상력과 창의력을 동원해서 여러 가지 자유롭게 시도해보자.

앞서 훈련한 3개의 구조, 키워드 연결, 관찰하기, '왜'와 '예를 들어서' 등을 활용하여 3분 동안 말해보자.

3분 스피치 연습

• 주제 1: 나와 대화를 가지는 시간이 왜 중요할까?

• 주제 2: 다른 사람과 관계를 맺는 데 중요한 세 가지는 무엇일까?

• 주제 3: 추천할 만한 맛집 세 곳은 어디인가?

• 주제 4: 최근 관심을 가지는 영상이나 사람은?

Express

타인에게 표현하기

타인과의 연결
: 말하기는 떨리지만, 말 잘하고 싶다!

5-Step Speaking Growth Training Guide

INTRO

세 번째 단계는 타인과의 연결, 말하기 Express(타인에게 표현하기)이다. 시작에 앞서, 경계해야 할 세 가지 마음을 공유한다.

첫째, '완벽히 하려는 마음'이다. 이는 자신을 혹독히 대하게 한다. 말하기는 계속 성장하는 과정이다. '완벽'이라는 강박은 말하는 데 심리적으로 그다지 도움 안 된다. 아직 준비가 안 되었다고 생각하지 말자. 표현하다 보면 나답게 표현할 방법을 찾을 것이다.

둘째, '인정받으려는 마음'이다. 이는 자기 모습을 온전히 표현할 수 없게 한다. 인정 욕구 때문에 타인의 시선을 중심에 두는 것이다. 매사가 그렇듯 말하기에서도 내가 중심을 잡고 있어야 한다. 내가 주체가 되어 표현할 때 진정으로 인정받을 수 있다.

셋째, '내가 뭐라고, 하는 마음'이다. 이는 자신을 나아가지 못하게 하고 머뭇거리게 한다. 성장하는 데 발목을 잡는다. 따라서 이 마음은 '나는 말할 자격이 있다'는 확신으로 꼭 극복해야 한다.

이상 세 가지의 마음을 내려놓고 호흡을 가다듬으며 이제 타인에게 말 걸기를 시작해보자.

01

꿈을 향한
말하기 각도

아나운서 시험에서 최종면접에서 떨어지는 날이 많았다. 그런 와
중에 친구가 용한 점집이 있다면서 함께 가자고 했다. 지푸라기라도
잡고 싶은 불안한 마음에 따라나섰다. 좁디좁은 골목을 지나서 약간
외진 곳에 집이 하나 나타났다. 그곳에서 아주 새로운 사실을 알게 되
었다. 점쟁이가 몇 가지 질문을 하더니 이렇게 말했다.

"당신은 매번 이등입니다. 그래서 두 명 이상 뽑는 곳에 가야 해요.
그리고 갈 때 꼭 노란색 속옷을 입으시길 바랍니다."

지금은 웃음이 나지만, 그때는 그 말이 왜 그리 중요했는지 모르겠다. 시험에서 한 명을 뽑으면 이내 자신감을 잃었고 '이번에도 안 되겠지' 하고 생각했다. 그러면 그 점쟁이 말을 증명하기라도 하듯 똑 떨어졌다. 그 믿음이 더욱 확고해지는 것을 경험했다. 주변 지인들에게 이야기하면서 내 입을 통해 내 귀로 그 말이 다시 들어왔다.

"나는 매번 이등이래."

좋은 것보다 부정적인 것은 훨씬 더 잘 들리고 믿기 쉽다. 어느 학자의 말처럼 우리 뇌는 두렵고 무섭고 나를 위협하는 것들에 훨씬 더 빠르게 반응한다. 부정적인 해석은 무의식에 사진 찍듯이 각인된다. 자신을 믿기보다는 다른 사람의 말에 전적으로 의지하게 되었던 것도 바로 그런 이유였다. 안되는 이유에 대한 합당한 증거들을 찾는 데 집중했다. 생각해보면 아나운서 공중파 공채를 제외하고는 대부분 한 명 뽑을 때도 합격한 적이 많았다. 그런데 왜 오디션에서 2등만 한 것으로 기억하고 있었을까? 믿는 방향의 내가 더 강해진다. 타인이 정해놓은 내 모습의 나무에 물을 주고 햇볕을 쬐어주면서 2등이라는 숫자는 무의식 속에 뿌리를 내리고 무럭무럭 자라고 있었다. 그리고 그것을 주변에 표현하고 다녔다.

도움 되지 않았다, 그것을 인지한 순간부터. "나는 매번 이등이래" 하는 말을 하지 않기로 결심했다. 나에게도, 남에게도. 그 뒤부터는 일이 술술 풀렸다. 사람들에게 2등이라는 말을 하지 않았고, 사람들도 나를 2등으로 보지않았다.

몇 년 전 읽은 책에서 인상적인 구절을 만났다. 비행기 기장이 미국 뉴욕으로 가는 비행기의 방향을 1도만 조절하면 브라질 상파울루 공항에 도착한다는 내용이었다. 1도가 정말 많은 차이를 가져올 수 있다.

말에도 각도가 있다. 내가 그리는 이상적인 모습으로 표현의 각도를 1도씩만 변경해보자. 남의 말에 휘둘리지 말고 말이다. 그러기 위해서는 현재 위치와 가고 있는 방향을 잘 파악해야 한다. 그리고 원하는 나의 말하기 이미지를 정해야 한다. 눈을 감고 한번 그려보자. 어떤 모습의 나를 원하는가? 성동혁 산문집 《뉘앙스》에서는 뉘앙스를 '아무 말 하지 않고도 모두를 말하는 온도, 습도, 채도까지 담고 있는 말'이라고 했다. 말하기는 표현이라서 나라는 사람의 뉘앙스를 보여주게 된다. 말투, 태도, 표정 하나에도 내 모든 모습이 담길 수 있다. 그것을 주변 사람들이 본다. 그냥 나 자신을 보여주는 뉘앙스! 나 자신을 어떤 표현으로 보여주고 싶은가?

뉘앙스는 언어로, 음성적으로 혹은 비언어적(제스처, 표정, 향기, 자세 등)으로 표현될 것이다. 그렇다면 언어로 표현되는 생각도, 감정과 상태를 들려주는 음성도, 이상적으로 보이고 싶은 모습도 모두 말의 뉘앙스에 담을 수 있다. 원하는 꿈을 향한 언어, 음성, 비언어를 신경 쓰면서 타인에게 전달할 때, 다른 사람과 그 모습으로 연결될 수 있다.

꿈을 향해 말하기 각도를 조금씩만 바꾸면 우리가 그리는 꿈의 모습으로 연결된다. 설득해야 하는데 자신 없는 언어를 사용하고, 부드럽게 응대해야 하는데 직접적이고 과격한 표현을 사용한다면 목적에 맞지 않은 표현이 된다. 자신이 그리는 이상적인 모습에 맞춰 표현도 1도씩만 변화시키자. 그리고 상대에게 표현해보자. 50도, 10도 방향을 트는 것은 어렵지만, 표현의 1도 방향을 트는 것은 쉽다.

마무리할 때 입을 벌리지 않고 야무지게 닫는다. 또 1도를 튼다. 단문으로 이야기한다. 또한 명확하게 해야 할 때 제스처를 사용한다. 이렇게 하나씩, 1도씩 바꾸면 된다. 그러다 보면, 내가 생각하는 내 모습의 말하기에 도달하게 된다. 타인에게도 그 뉘앙스가 그대로 스며들게 된다.

남에게 말할 때, 내가 원하는 방향으로 1도씩 다르게 표현해보자. 표현은 하나씩, 너무 욕심부리지 말고 하자. 완전히 바뀐 내 모습을 보여주겠다는 욕심은 버리자. 자칫 처음으로 돌아갈 수 있다. 하나씩 해야 한다, 1도씩.

02

강점과 약점은 종이 한 장 차이

말하는 표현에도 저마다 강점이 있고, 잘하는 것이 있다. 간혹 자신이 추구하는 표현과 잘하는 표현이 다를 때가 있다. 예를 들면 내가 좋아하고 추구하는 것이 카리스마 있는 전문가적 말하기지만, 나에게는 편안한 말투나 친절함 등 친근한 표현이 자연스럽게 나오고 어울리는 경우다. 원하는 모습과 이미 가지고 있는 모습이 비슷하면, 노력했을 때 이상적인 모습이 만들어질 가능성이 큰데, 문제는 반대일 경우다. 원하는 모습과 현재 내 모습의 차이가 크면 차이를 줄이고 극복하는 데 시간이 오래 걸린다. 왜냐하면 나의 생각, 마음, 행동 등 익숙한 것들을 반대 방향으로 조정해야 하기 때문이다. 그래서 되도록 자신이 가진 이미지 중 가장 빛나는 면을 발견하고 강화하는 게 제일 좋다.

잘 살펴보면 특성이 명확한 이들을 어렵지 않게 볼 수 있다. 한 가방 관련 회사 대표와 식사하는 자리에서 본의 아니게 그의 협력 업체와 통화하는 걸 엿듣게 되었다. 대표는 상대편에게 "내일 오전에 출근하셨을 때 볼 수 있게 해드리겠습니다"라고 했다. 통화가 끝난 뒤 나는 대화를 이어갔다.

"대표님, 내일 중에 하필 오전이라고 말씀하시네요. 그러고 보니 대표님은 자주 그런 표현을 사용하시는 것 같아요."

"일을 해보니 '밤'이나 '새벽'에 완성되어 보낼 수 있어도 '밤'이라고 하면 마음 불편하신 것 같더라고요. 그래서 '밤'에 완성되어도 '오전'이라는 표현을 사용하게 되었고요, '내일'이라는 단어보다는 '출근 전'이라는 단어가 더 좋고요. 조금 더 부지런을 떨면 오전에 자료를 보낼 수 있고, 자료를 보내면 담당자는 바로 출근해서 일 처리를 할수 있지요."

그 대표는 신뢰를 중요하게 생각한다. 그리고 모든 일 처리가 다른 사람들에 비해서 빠른 편이다. 그래서 정확한 일정을 주고 그 일정도 가장 빠른 느낌이 들 수 있도록 말하는 언어 스타일을 가지고 있다. 본인이 빠르게 일 처리를 하여 상대가 걱정하지 않고 일을 할 수 있도록 배려하는 것이다. 출근하고 기다림 없이 바로 업무를 처리할 수 있으니, 얼마나 감사한 일인가. 자기 스타일로 명확하게 이야기해 주니, 상대도 일하기 편하다.

강점을 보여주는 말하기는 나의 긍정적인 표현을 극대화하여 보여주는 것이다. 우리는 긍정의 힘을 키워야 한다. '나'라는 브랜드를 긍정적으로 강화할 요소들을 찾아내어 적극적으로 표현하는 힘을 길러야 한다. 나의 가치를 긍정적으로 나타낼 언어, 특색을 살릴 긍정적인 음성, 나의 이미지를 더 긍정적으로 강화할 몸짓 언어를 훈련해야 한다. 무조건 긍정하라는 것이 아니라, 긍정의 프레임을 가지고 강점을 더 강화해서 보여줄 필요가 있다는 말이다. 나의 수많은 매력 중 특히 보여주고 싶은 주력의 긍정 요소를 키워보자.

그런데 강점은 상황과 맥락에 따라 바뀔 수 있고 약점도 때에 따라 강점이 되기도 한다. 헬렌 켈러, 스티비 원더 등 유명 인물들은 자신의 약점을 오히려 강점으로 뒤집었다. 약점은 상황과 맥락에 따라 진정성을 보여주는 도구가 되기도 하다. 그래서 심지어 말하기 전략 중 '약점 내세우기'라는 것도 있다. 강점을 알고 개발하는 것은 물론 중요하다. 하지만 약점 또한 강점화할 필요가 있다. 강점과 약점은 종이 한 장 차이일 수도, 동전의 앞면과 뒷면처럼 맥락의 차이일 수 있기 때문이다.

대화 중 '음~'을 잘 쓰는 사람이 있다. 말을 시작할 때 '음~', 말이 막힐 때 '음~' 하는 식인데, 대체로 이를 약점이라고 생각한다. 우리는 불필요한 말(음, 저, 어, 쩝, 쓰읍 등)을 사용하지 않는 것이 좋다고 한다. 그런데 가끔은 한 단어들이 사람들의 관심을 전환할 포즈(pause)가 되기도 하고, 생각하는 느낌의 이미지가 되기도 한다. 중요한 것은 사용 빈도와 적절한 곳에 쓰였는가 하는 점이다. 강점과 약점의 종이 한 장 두께를 얇게 만들거나 맥락을 바꿔야 한다. 물론 첫 시작부터 그런 단어를 사용하는 것은 좋지 않다. 그리고 중요한 부분에서 이러한 단어를 많이, 자주 사용하면 분명 청자에게는 방해가 되어 대화에 집중하지 못하게 할 것이다. 다만 가끔 중요한 부분에서 사용한다면 어느 정도 집중을 시킬 단서가 될 수 있다. 그럴 때는 첫 시작은 깔끔하게 시작하고 고민이나 생각을 이야기할 때 사람들의 관심을 전환시킬 '음~'을 사용해보는 것이다. '쩝'이 너무 심하게 들리면 그건 없애야 한다. 일단 줄이는 것으로 시작해볼 수 있겠다. 이렇게 강점과 약점의 종이 한 장 두께를 점점 얇게 만들고 앞뒤 상황의 맥락을 고려해서 약점을 강점으로 만들 수도 있다.

자신에게 명쾌함의 강점이 있다면 말할 때도 깔끔하게 자료를 준비하고 키워드도 명확하게 단순화할 수 있다. 군더더기를 빼고 이야기할 수도 있다. '어~', '음~' 같은 말들을 제외하는 방법도 있다. 깔끔하게 목소리를 내고 스타카토(staccato)로 끊어서 말하기를 구사하면 이것도 명쾌해 보일 수 있다. 손동작도 힘 있게 깔끔하게 할 수 있을 것이다. "명쾌하게 정리하자면" 하는 식의 자기 표현법도 만들 수 있다. "요약해드리겠습니다", "해결책은 세 가지로 정리해봤습니다" 하는 식의 화법은 군더더기 없이 명쾌하게 보일 것이다. 그러나 너무 명쾌한 것이 부담스럽게 보여 오히려 약점이 될 듯하다면 관리하면 된다. 끝말의 처리를 부드럽게 하거나 물음표를 담아 청유형으로 만들어볼 수도 있다.

약점이라고 느낀다면 강점화하여 관리하면서 전환한다! 나에게 있는 긍정적인 요소들 중 나를 보여줄 주력 상품을 뽑아 의식적으로 관리하고 표현한다! 이런 전략들을 미리 생각해보자.

상황과 맥락에 따라 약점을 강점으로 전환할 수 있지만, 약점이 치명적이어서 강점화하기 어려운 경우도 있다.

한 기업의 팀장님들과 스피치 1:1 코칭을 진행할 때였다. 한 팀장님을 줌에서 한 번, 오프라인에서 한 번 만났다. 그때 팀장님의 목표는 하나였다. 준비는 정말 많이 하는데, 책 읽듯 설명해서 모두 지루해한다는 것이다. 이런 경우 약점을 강점화하기란 쉽지 않다. 다소 지루한 톤이 한 시간 이상 지속되면 오히려 집중을 방해하기 때문이다. 그래서 억양 훈련과 자연스럽게 대화체로 말하는 것 위주로 훈련했다. 사실 자연스럽기는 했지만, 내가 생각한 롤러코스터 같은 짜릿함을 겸비한 밀당의 억양은 아니었다. 아쉬웠다. 발표 당일 저녁에 PT를 잘했다는 연락이 왔다. 그리고 한마디 덧붙였다.

"제가 진짜 안되는 부분인데, 이 정도로 성장할 수 있게 해주셔서 정말 고맙습니다. 제 약점이 돋보이지만 않으면 되었는데, 제 목표보다 상당히 자연스러웠습니다. 정말 이 정도로도 만족합니다."

기억에 남는 분이다. 우리는 약점을 강점화해야 한다. 그런데 그

팀장님의 말처럼 약점은 치명적으로 보이지 않을 만큼, 돋보이지 않을 만큼만 훈련하면 된다. 그리고 강점을 강화하는 데 신경을 더 쓰면 된다.

극내향적 성향 때문에 사람들 앞에 잘 나서지 못하는 것이 치명적인 약점이라고 생각한다면, 사람들 앞에 나서는 것부터 목표를 세우자. 억지로 너무 많이 나설 필요도 없다. 유연하게 드라마틱하게 말하기를 하지 않아도 된다. 가지고 있는 수많은 다른 강점으로 커버하면 된다. 진짜 나서야 할 때, 입 한번 떼지 못하고 한 걸음 나아가는 대화를 하지 못한다면, 이는 정말 치명적인 약점이 될 것이다.

내향적인 것이 익숙하고 편한 사람들은 말할 때도 부드럽다. 건설적인 대화라 하더라도 갈등이나 분쟁을 피하려는 경향도 있다. 각자 다르지만, 강하게 밀어붙이거나 진취적으로 도전하는 모습은 어색하기도 하다. 사실, 내가 그렇다. 말할 때 굉장히 부드러운 기술을 사용하는 사람이다. 그래서 강력한 리더십은 나와 무관하다고 생각했다. 말할 때도 업무 지향적인 것보다는 관계 지향적 말하기가 우선이다. 그런데 강의를 이끌고 나갈 때, 사람들과 소통할 때 가끔은 부드럽기보다 강력하게 청중을 사로잡을 기술이 필요할 때가 있다. 어느 정도 전문가로 인정받기 시작하면 부드럽기도 하고 강력하기도 한 기술이 모두 필요하다.

스피치 강의를 하던 중에 있었던 일이다. 말의 구조를 구성하고 실습하는 시간이었다. 조별로 진행하고 있었는데 한 수강생이 구조

를 잘 못 잡고 헤매는 것 같았다. 부드럽게 이렇게 하면 된다고 설명
드렸는데 얼굴이 빨개지면서 민망해했다. 별로 말하고 싶어 하지 않
는 듯했다. 찜찜하게 마무리했는데, 역시나 마음에 걸렸다. 충분히 할
수 있는데, 미리 포기하려는 듯했으니까. 강의를 마친 뒤 그분과 따로
연습하는 시간을 가졌다. 평소라면 부끄러워하니까, 용기를 내서 말
한번 한 것으로 충분하다고 생각하면서 그분을 보내드렸을 것이다.
그날은 좀 더 강력하고 적극적으로 도와드리고 싶었다. 그래서 시간
이 괜찮은지 물어보며 계속 "해보실까요?" 하면서 이끌어갔다.

그분이 돌아가시면서 "선생님은 대충이 없네요" 하며 감사 인사
를 했다. 자신은 늘 부끄러우면 그만했는데, 그걸 넘어서니 더 잘할
수 있음을 알았다고 하면서 말이다. 그날 깨달았다. 가끔은 강력하게
적극적으로 드라이브를 걸어야 할 필요도 있다고! 부드러운 이미지,
좋은 사람 이미지를 위해 '좋은 게 좋다'며 대충대충 했지만, 조금씩
강력한 대화 기술을 적용하는 모습이 스스로 대견했다.

진짜 누군가를 도우려면, 또한 역량을 발휘하려면 강하고 집요하
게 상대를 대할 필요가 있다. 무기가 하나만이 아닌, 다른 무기도 꺼
내 사용할 수 있다면 얼마나 더 강력해지겠는가. 물론 강점이 우선이
다. 다만 치명적인 약점이 문제이니, 그 약점도 강력한 도구로 사용할
수 있도록 조금만 더 나아가보자는 것이다. 약점이 치명적이라면 돈
보이지 않게끔 신경 써보자. 꺼내 쓸 수 있는 도구가 하나 더 생길 것
이다.

03

손을드는
용기한스푼

말하기에는 내적 말하기와 외적 말하기가 있다. 내적 말하기(자아 커뮤니케이션, 스스에게 말을 거는 말하기)는 사고 발달에 필수적이고, 외적 말하기(타인과의 말하기)는 관계 형성에 필수적이다.

내향적인 사람들에게 외적 말하기는 에너지가 많이 든다. 내향적인 사람들은 내적 말하기에 시간을 투자한다. 생각을 많이 하고, 여러 경우의 수를 두기 때문에 쉽게 결정을 내리지 못하는 경향이 있다. 말도 조심스럽다. 그러니 잘 알지 못하는 사람과 대화할 때는 수많은 경우의 수를 마음에 둔다. 마음을 먹어야 외적 말하기를 시도할 수 있다.

대학 4학년이 끝나갈 무렵 아나운서 준비를 시작했다. 그때 나는 말하기보다는 듣는 것에 훨씬 익숙했고, 무대에 서서 말하는 것보다는 관객석에서 박수 치며 호응하는 게 더 어울리는 사람이었다. 단체 앞에서 자기소개라도 할라치면 심장이 튀어나올 것 같았다. 내 심장 소리를 누가 들을까 봐 노심초사하며 다른 이의 자기소개를 들을 틈도 없이 머릿속으로 내 소개를 되뇌기 바빴다. 무슨 일이든 시도하거나 과감하게 도전하고 쟁취하는 것은 아주 특별한 사람들만이 할 수 있는 권리라고 생각했다. 지금도 학창 시절 친구들은 내가 방송을 시작으로 사람들 앞에 서는 강사라는 사실을 믿기 어려워한다.

졸업을 앞두고 취업을 위해 시험을 준비하던 중이었다. 전혀 다른 삶을 살게 한 사건이 일어났다. 같은 과 친구가 공중파 아나운서 시험에 합격하게 되었다. 합격하고 만나는 자리에서 그녀가 문을 열고 들어오는데 아주 강렬한 후광이 비쳤다. 대화 중에도 그녀의 미소와 제스처에는 우아함과 고급스러움이 흘렀다. 나와는 다른 세계의 사람이었다. 마음을 다해 축하해주고 집에 돌아오는 길, 내 발걸음은 달팽이처럼 느려졌다. 온몸에 힘이 다한 듯 발을 질질 끌면서 한 발짝 한 발짝 떼며 겨우 집에 들어왔다. 대충 씻고 취업을 위해 자기소개서를 쓰려고 책상에 앉았다. 책상 위 거울에 비친 내 모습이 보였는데, 그만 눈물이 터져 엉엉 울었다.

초등학교 시절부터 아나운서가 꿈이었다. 초등학교 선생님이 목소리가 좋다며 반 대표 아나운서로 뽑아주시면서 나의 마음 한구석에 그 꿈이 꿈틀대고 있었다. 마음 저 구석에서 언젠가 나를 봐줄 거라며 기다리고 있었던 것 같다. 그때부터 한 번도 꿈을 위해 도전조차 하지 않은 나에 대한 반란이 시작되었다. 그동안 불필요한 자의식에 사로잡혀 있었다. '안될 거야. 네가 되겠어?' 하며 살아왔던 내 삶에 지금까지와는 다른 큰 파장이 일고 있었다. 그동안 그럭저럭 살아왔던 삶은 이 일이 불쏘시개가 되어 전혀 다른 방향으로 내비게이션을 찍고 핸들을 돌리고 액셀을 밟게 되었다.

한 번도 내가 원하는 대로 살지 않았다. 아니, 원하는 것도 없었다. 그날 이후 나는 좀 더 주체적으로 임했다. 그 당시 아나운서 공채 기준에 나이 제한이 있었는데, 나에게는 1년이라는 시간이 남았었다. 그런데 공채 나이 기준보다 더 큰 문제는 바로 내향적인 성격이었다. 무대에서 수많은 사람의 시선을 견디는 것은 물론 말도 할 수 있어야 했다. 카메라 앞에서도 평정심을 유지하면서 흔들림 없이 조리 있게 말을 이어가야 했다. 무엇보다 말하기에 자신감이 있어야 하는데, 그게 참 어려웠다.

'내가 뭐라고 사람들 앞에서 말을 할까? 나보다 잘하는 사람들이 훨씬 많을 텐데, 어쩌지?'

그래서 시작한 일이 무조건 손 들기였다.

'그래. 무엇이든 제일 먼저 손을 든다! 그리고 어떤 곳에서든 말 한 마디라도 한다!'

한편 '어떻게 하면 사람들 앞에서 말할 기회를 얻을 수 있을까?'를 궁리하다가 찾아간 곳이 북토크 강연장이었다. 강연이 끝나고 질의 응답을 하는 시간이 왔을 때 제일 먼저 손을 들었다.

"말씀 잘 들었습니다. 작가님께서는 작가님 작품 중에 가장 좋아하는 작품은 무엇인가요?"

그 말부터 시작했다. 사실 내향적인 사람이 군중 앞에서 말을 하려면 엄청난 용기가 필요하다. 식은땀이 나고 심장은 첫사랑을 만난 듯 마구 쿵쾅댄다. 말을 시작하지도 않았는데, 사람들의 시선에 이미 귀까지 새빨개진다. 손을 들기 전부터 이런 증상들이 나타났다.

그럼에도 손을 드는 행동을 멈추지 않았다. 떨리지만, 말 잘하고 싶었다. 아나운서 아카데미에서도 제일 먼저 손을 들었다. 준비가 안 되어도 손을 들었다. 그것이 제일 필요한 도전이었기 때문이다. 처음은 굉장했다. 온몸에 심장이 있는 듯 몸 전체가 두근거렸다. 무슨 말을 했는지 하나도 모르겠고 부끄러웠다. 그런데 그냥 사람들 앞에서 말하는 게 목적이었다. 사람들 앞에 서는 것이 익숙해질 무렵 혼자서도 말하는 연습을 해야겠다고 생각했다. 이제 어느 정도 남들 앞에 서는 것이 죽을 정도의 괴로움이 아니었으니, 말의 체계를 만들고 잘 말하고자 하는 욕구가 생겼다.

그래서 시작한 것이 모든 순간 말하기였다. 길가의 모든 글자는 나의 발음 연습표가 되었다. 간판부터 병에 붙은 라벨지까지 모두 음성 훈련을 위해 사용되었고 길거리 사람들의 대화는 길거리 리포팅 재료가 되었다. 리포터가 되어서 현장을 묘사하는 훈련을 했다.

'저는 지금 강남역 한복판에 나와 있습니다. 강남역 일대는 출근 시간으로 사람들이 북적거리는 모습입니다. 넥타이를 맨 사람, 서류 가방을 든 사람, 단정한 옷차림으로 또각또각 구두 소리를 내는 사람, 커피 들고 대화를 나누는 사람 등 저마다의 목적지를 향해 걸음을 바삐 하는 모습입니다.'

관찰과 묘사를 습관화하고 말을 끊이지 않고 나오도록 훈련했다.

'또각또각 말고 다른 표현은 없을까? 바쁘게 걸음을 재촉하는 모습입니다. 이게 좋겠다.'

말이 정리되기 시작했다. 여기서 끝내지 않고 직접 상황별로 리포팅을 녹화하기 시작했다. 해맞이 현장, 각 지역 축제 현장, 인터뷰 현장, 영화 시사회 현장 등 방구석 현장 방문이 시작되었다. 마치 현장에 있는 것처럼 오프닝 리포팅을 하고, 시청자에게 다음을 기대할 수 있도록 소개하는 녹화를 하고, 여러 차례 영상을 돌려보았다.

두 번, 세 번 손을 들고 앞으로 나가는 것, 말을 하는 것이 덜 어려워지는 걸 느끼기 시작했다. 심지어 잘하는 날도 있었다. 이렇게 손을 드는 적극적인 행동은 외향성 버튼을 장착할 수 있게 해주었다. 버튼을 누르는 데 에너지는 많이 들었지만, 외향성 버튼이 눌리고 작동되는 순간 내향적이면서 동시에 외향적인 양향 성격자 모드가 되었다. 균형 상태가 깨지고 불균형 상태가 되었을 때, 삶의 변화가 시작된 것이다.

불균형 상태는 균형 상태로 돌아오게 되어 있다. 그러니 조금만 더 견뎌보자. 말하기는 떨리지만, 말 잘하고 싶은 내향적인 그대여! 지금 당신에게 필요한 것은 손을 들고 말하는 용기다. 당신도 외향성 버튼을 누를 수 있고, 사람들 앞에서 말 잘할 수 있다!

04

말하기로
심리치료하세요

강의 후, 한 분이 감사 인사를 전했다.

"강사님, 심리치료를 받은 느낌이에요. 제게서 왜 그런 표현들이 나왔는지, 저에 대해서 생각해볼 좋은 시간이었습니다. 감사합니다."

발표 실력이 늘었다는 피드백보다 훨씬 더 감동을 준다. 말하기는 나의 과거, 현재, 미래 모습이 다 담겨 있다. 과거에 주눅 들고 눈치를 보는 사람들은 말할 때도 그 모습이 드러난다. 현재 어떤 말을 사용하느냐에 따라서 그 사람의 관심과 흥미 있는 것들을 발견할 수 있다. 기분도 느낄 수 있다. 그리고 말하는 내용이나 분위기를 보면 이 사람의 미래 모습도 알 수 있다.

결국 나의 삶은 목소리, 말, 행동의 말하기를 통해 드러난다. 그래서 말하기를 통해 나를 만날 수 있다. 모르는 내 모습을 발견할 수 있고, 마주하고 싶지 않은 날것의 나를 만나기도 한다.

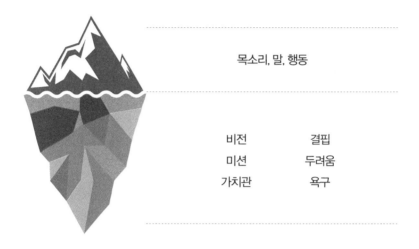

목소리, 말, 행동

비전	결핍
미션	두려움
가치관	욕구

목소리, 말, 행동은 빙산의 일각처럼 나를 표현한다. 그 내면에는 비전, 미션, 가치관, 결핍, 두려움, 욕구 등 복합적인 내 모습이 있다. 본인이 좋아하는 모습들도, 감추고 싶은 모습들도 다 내면에 있다. 이 모습들은 무의식적으로 표현되기도 한다. 수강생들의 발표 모습에서도 보일 때가 많다. 사용하는 언어, 음성, 비언어로 짐작할 수 있다.

'몸을 자꾸 만지는 걸 보니, 떨고 계시는구나', '목소리 톤이 안정적이지 못한 걸 보니, 이 부분이 불편하시구나', '손을 어디에 둘지 몰라 하는 걸 보니, 불안해하시는구나', '인정받고 싶어서 자꾸 동의를 구하시는구나', '딱 그 부분에서만 소리가 줄어드는 걸 보니, 그 내용에 확신이 없으시구나' 등등. 추측하는 것이지만, 대부분 맞다.

그래서 내 생각과 마음을 다스리는 것이 중요하다. 밖으로 표현되기 때문이다. 그런데 이런 표현들이 처음에만 그렇고 말을 하면 할수록 안정감을 찾는 걸 느낄 때가 있다. 혹은 인지하고 고쳐나가면서 바뀐 것을 느낄 때 마음이 편안해질 때가 있다.

중학생 때 성당에서 캠프를 간 적이 있다. 둘째 날 저녁이었던 것으로 기억한다. 조별로 연극을 준비해서 무대에 선 적이 있는데, 내가 맡은 역할은 비중이 작았다. 사람들 앞에 서는 것이 싫고 부끄러운 일이어서 가장 대사가 적은 역할을 선택했다. 핍박받고 억울한 아들의 역할이었다. 막상 연기가 시작되었는데, 리허설 때 덜덜 떨리던 목소리가 안정되고 금방 몰입되었다. 슬픈 척, 억울한 척만 하면 되었는데, 리허설 때 나오지도 않던 눈물이 터지더니 멈추지 않았다. 그리고 몇 줄 안 되는 대사도 입에서 자동적으로 흘러나왔다. 끝나고 나서 사람들의 긍정적인 반응에 놀라고 부끄러웠지만, 속이 시원한 내 모습에 더 놀랐다. 참고 인내하고 양보하는 것이 미덕이라는 생각을 가지고 있었고, 표현을 하기보다는 표현을 아끼는 사람이었다. 그런데 표현하는 것이 생각보다 훨씬 더 자유로움을 준다는 사실을 알게 되었다. 나에겐 표현의 욕구가 있었다.

표현 자체에 몰입할 때, 치유될 때가 있다. 우리 모두에게는 표현의 욕구가 있다. 이 욕구를 누르면 탈이 난다. 그동안 편안하다고 생각했는데 갑자기 화나기도 하고 억울하기도 하다. 표현을 눌러왔기 때문이다. 그래서 자연스럽게 떨리면 떨리는 대로 불안하면 불안한 대로 경험해보고 몰입해보면 좋겠다. 그 안에 또 다른 감정을 느낄 수 있고, 치유가 되어 편안한 상태에서 말이 나오기도 한다.

스피치 코칭을 할 때마다 느끼는 것은, 사람들 앞에서 말하는 걸 꺼리고 부끄러워하는 사람들도 표현의 욕구를 가지고 있을뿐더러 일단 그 벽을 깨고 나오면 자신을 자유롭게 표현할 수 있다는 사실이다. 그 경험을 꼭 해보았으면 좋겠다. 그리고 나면 훨씬 말하기가 편안해지고 즐거워지기도 한다.

'표현하면 안 돼. 표현하면 큰일 날 거야. 완벽하지 않아.'

(듣는 사람은 다양하니까)

'표현해도 되고, 표현하면 큰일 안 나고, 완벽한 것은 없다.'

말을 하면 심리치료를 받은 듯 막혀 있던 것이 저절로 뚫리고, 갇혀 있던 안전지대를 깰 수 있다. 도전지대로 나가는 자유로움을 느껴볼 수도 있다. 말하기에는 정말 그런 효과가 있다.

05
잘들으면
욕구가 보여요

공무원을 위한 교육을 2개월 정도 하게 되었다. 1:1 코칭을 하게 되었는데, 한 분이 민원인을 담당하는 부서의 리더였다. 코칭이 끝나고 차를 한 잔 마실 때 민원인을 대하는 일은 어떠냐고 물었다. 힘들겠다는 느낌이 들어서 의도를 가지고 물어본 거였다. 그분은 "하나도 어렵지 않아요"라고 답했다.

"뭔가 불편이 있어서 해결하기 위해 오신 거잖아요? 그 문제를 해결해드리면 됩니다. 만약에 해결이 안 되는 문제라면 옆에서 잘 들어드리면 돼요. 정말 중요한 이야기를 듣는다는 느낌으로요."

진짜 경청이 무엇인지를 보여주는 대목이었다. 상대가 중요한 이야기를 한다는 느낌, 그것이 핵심이었다.

상대를 중요하게 생각하지 않으면 이야기도 중요하게 들을 수 없다. 보통 서비스 불만이 있어서 문의할 때, 차단하려는 느낌을 받을 때가 있다. 서비스 불만 사례가 아니더라도 직장에서도, 가정에서도 그렇다. 우리는 나름의 프레임과 관점을 가지고 판단해버린다. 그동안 습관처럼 굳어버린 말과 행동이 나를 지배하는 것이다. 상대의 생각, 마음, 관점을 알면 원하는 것을 해결할 수 있을지도 모르고, 해결이 안 되더라도 마음을 읽어주면 상대는 중요한 존재로 인정받는 기분을 느낄 것이다.

무엇이든 모두 제각기 느끼는 것이 조금씩은 다르고 해석도 다르다. 그렇다고 "다 틀리다"라고 할 수 없다. 나와 다르다고 틀린 것은 아니다. 상대는 상대의 세계가 있다. 그래서 듣고 질문하고 또 들어야 상대의 세계를 알 수 있다. 혼자서 말할 때는 상관없지만, 타인에게 말할 때는 타인의 기준을 파악하는 것이 중요하다. 그래서 타인과의 말하기에서는 잘 듣는 게 중요하다.

잘 듣기만 해도, 상대방의 말 속에 담긴 의미를 파악하고 그 감정을 이해할 수 있는 상대의 욕구가 보인다. 윌리엄 글라써(William Glasser)가 말하는 다섯 가지 욕구가 있다. 생존의 욕구, 사랑과 연결의 욕구, 힘과 성취의 욕구, 즐거움의 욕구, 자유로움의 욕구가 그것이다. 상황과 사람에 따라 각 욕구의 강도는 다르다. 성취하고 싶을 때도 있고,

안전함이 더 필요할 때도 있고, 즐겁고 싶을 때도 있다. 억압 속에서 자유롭고자 하는 마음이 들 때도 있고, 연결되고 사랑받고 싶기도 하다. 상대의 이야기를 잘 들으면 욕구가 보인다. 욕구를 바라봐주는 것으로도 상대는 나를 인정해주었다고 느낄 것이다.

상대방도 나만큼 중요한 존재다. 우리 모두 중요한 존재다. 남에게 표현하고 대화를 하고자 할 때는 상대의 말을 들으며 조율하면서 나를 표현할 수 있어야 한다. 상대의 세계를 인정할 수 있어야 상대도 나의 세계를 인정할 수 있다. 우리는 그저 다를 뿐 모두 옳기 때문이다. 그래서 상대방과의 대화는 혼잣말이 아니라 서로의 창을 이해하고 인정하면서 오고 가는 목적이 있는 말하기여야 한다. 함께 호흡하면서 소통하는 춤추기여야 하며 자연스럽게 오고 가는 핑퐁이어야 한다.

06

입으로
그림 그리기

　사람들과 말할 때 가장 임팩트 있는 탁월한 방법은 그림을 그리는 것이다. 관계 언어, 일 언어 모두 그림을 잘 그려야 한다. 자신의 이야기를 들려주면 훨씬 더 감흥이 더한다. 강의할 때도 예를 들어주거나 상황을 설명해주면 훨씬 구체적으로 상상하고 묘사하게 된다. 우리의 삶은 스냅 사진 같은 수많은 그림의 연속이다. 구체적일수록 생생하게 각인되어 자연스럽게 말할 수 있다.

　나는 오디션 프로그램을 즐겨 보는 편이다. 경쟁하면서 서로의 기량을 펼치는 모습을 보는 것도 재미있지만, 참가자들의 개인사와 오디션 과정에서 만들어지는 스토리가 감동적이다. 드라마 한 편을 보는 것처럼 기승전결이 눈앞에 생생하게 그려진다. 특히나 스토리는 입으로 그림 그리기 아주 좋다.

1년 남짓 캐나다에 어학연수를 간 적이 있는데, 유학생활을 하면서 기억에 남는 사건이 있다. 그 당시는 지금처럼 한국의 위상이 높지 않던 시절이었으므로 당연히 한식당도 많지 않았다. 금요일 저녁, 친구 대여섯과 한인타운에서 감자탕을 맛있게 먹고 지하철을 타려고 플랫폼으로 내려가는데, 술에 취한 외국인이 시비를 걸었다. "니들 뭔데 여기에 있냐?"는 둥 "못생겼다"는 둥 "니들 나라로 꺼져라!"는 둥 인종차별적 언사를 중언부언 쏟아냈다. 친구 하나가 "그만해라. 우리는 캐나다에 공부하러 온 학생들이다"라고 말하는데 외국인이 냅다 주먹을 날렸다. 그렇게 싸움이 일어났다. 곧 경찰이 왔고 우리는 상황을 설명하면서 저 사람이 먼저 때렸고 우리는 방어만 했을 뿐이라며, CCTV를 확인해보라고 했다. 물론 영어로 말이다. 당시 나는 한 마디도 하지 못한 채 안절부절 발만 동동 구르고 있었다. 상황은 종료되었지만, 마음은 쉽게 풀리지 않았다.

다음 날 어학원에서 전날의 일을 이야기했다. 그런데 선생님이 한참 나를 바라보더니 말했다.

"정말 화가 났겠다. 그런데 헌지('현' 발음을 잘 못했다)! 네 영어, 너무 유창한데? 내가 지금 그 장면을 직접 보는 것 같아."

그날 한 번도 버벅거리지 않고 말을 정말 잘했다. 상황을 그려주듯 묘사했더니 말하기도 훨씬 수월했다.

그림을 그릴 때는 어려운 단어나 표현이 필요 없다. 쉽게 그 상황을 그려주면 된다. 그러면 상대방은 그 상황에 함께 있는 느낌을 받는다. 사람들과 대화할 때 상황을 그림처럼 설명하거나 경험을 말할 때가 많다. 구체적으로 그림을 그려주며 묘사했을 뿐인데 사람들은 말을 잘한다고 해준다. 일할 때도 마찬가지다. 보고하거나 업무 지시를 할 때도 원하는 바를 명확하게 그림을 그려주고 확인하는 과정을 거치면 일의 효율성이 높아진다.

"알아서 해 와요!"

"잘할 수 있죠?"

"최신 트렌드에 맞게 해봐요!"

그림이 모호할수록 배는 산으로 갈 가능성이 크다. 열심히 했는데 자꾸 수정하느라 더 에너지를 쓰고 일을 못한다고 느낀다.

말을 그림처럼 눈앞에 생생하게 그릴 수 있다면, 말 잘한다는 소리를 들을뿐더러 상대방의 마음속에 오래 깊이 남을 것이다. 그림은 훨씬 더 기억하기 쉽기 때문이다.

사람들과 이야기할 때뿐 아니라 중요하게 말해야 할 순간이 있다면 시뮬레이션을 먼저 해보자. 머릿속으로 그림을 그려보면 말할 때도 훨씬 더 생동감이 생긴다. 미래의 일도 마찬가지다. 입으로 미리 그림을 그리면, 그 그림처럼 되고자 하는 마음도 생기고 안정감도 생긴다. 또한 말을 듣는 사람들에게도 똑같이 그림을 그려주자, 구체적으로. 그러면 그 그림은 살아 숨 쉬는 생생한 나만의 브랜드 스토리가 될 것이다. 입으로도 그림을 그릴 수 있다, 아주 생동감 있게!

❶ 내 인생에서 한 가장 최상의 경험은?
❷ 일주일간 있었던 일 중 나를 설레게 한 사건은?
❸ 결과를 떠나서 열심히 살았다고 자부할 수 있는 사건은?
❹ 좌절했지만 이겨냈던 사건은?
❺ 누군가를 즐겁게 했던 사건은?

거듭 강조한다. 중요한 점은 사람들에게 말할 때, 입으로 그림을 그리듯 생생하게 표현하는 것이다. 이렇게 훈련하다 보면 다른 사람들에게 말할 때, 실제 그 현장에 있듯 생생하게 말할 수 있다. 다른 사람에게 말할 때 시도해보자. 음성의 변화도 주면서 말이다.

07

너에게 가는
세 가지 길,
눈길·손길·발길

몸으로도 말을 한다. 이를 커뮤니케이션학에서는 비언어 커뮤니
케이션이라고 하는데, 언어 외적인 말하기이다. 그중 특히 중요하다
고 생각하는 비언어 커뮤니케이션, 상대에게 가는 세 가지의 길을 소
개한다.

첫 번째 길은 눈길이다.

눈길이 마음을 담아 상대를 향해 있어야 한다. 눈길은 상대방을
어떻게 대하는지를 고스란히 느낄 수 있게 한다. 청중은 자신에게 관
심을 보이는 사람의 이야기를 듣는다. 말하기에서 눈길이 정말 중요

한 이유는 눈은 마음의 창이기 때문이다. 시선의 길이와 강도, 방향 등이 말하기의 진정성을 보여줄 표현 방법이 될 수 있다. 보통 1분의 대화라면 32초 정도, 대화의 53% 이상은 상대를 쳐다봐야 상대방의 흥미도와 의도, 마음을 파악해볼 수 있다. 70%는 눈으로 정보가 들어온다는 연구들도 듣는 사람 입장에서 눈으로 청중의 반응을 파악할 수 있다는 것을 보여준다. 청중의 시선, 몸짓, 표정 등을 보면서 자신의 메시지를 어떻게 하면 더욱 전달할 수 있을지 고민해볼 수 있다.

그런데 상대방의 눈을 쳐다보는 것이 부담스러울 수 있다. 부담스러울 때는 뺨을 쳐다봤다가 눈을 보는 방법, 미간(눈과 눈 사이)을 쳐다보는 방법도 있다. 인중을 보기도 한다. 많은 사람 앞에서 발표해야 하는 경우는 전체를 쳐다보면서 시선을 분배하는 게 좋다. 시선도 강약을 주는 게 좋다. 중요한 내용을 이야기할 때는 힘 있는 시선을 주기도 하고 정서적인 이야기를 할 때는 따뜻한 시선을 주기도 하는 등 내용에 따라 시선의 느낌도 달라야 한다. 방향은 당연히 듣고 있는 청중에게 골고루 분배되어야 한다. 얼마나 쳐다봐야 하는지, 어디를 봐야 하는지 간혹 질문받는다. 그런데 대화를 하다 보면 어느 정도 안다. 상대가 약간 어색해하면 다른 곳을 바라봤다가 다시 상대에게 돌아오면 된다. 우리는 본능적으로 안다. 눈 맞춤이 자연스러운 사람도 있고 어색한 사람도 있으니, 상대에 맞춰 눈길을 만들자.

다만, 눈을 전혀 안 쳐다보면 상대도 관심을 가질 수 없다. 미국의 사회심리학자 피비 엘스워스(Phoebe C. Ellsworth)는 눈을 자주 마주칠

수록 보는 사람이 전달하는 메시지를 더 긍정적으로 받아들인다는 연구 결과를 냈다. 1:1 대화는 더 그렇다. 상대가 자신을 보지 않고 다른 사람을 보거나 다른 곳을 응시하면 자신과의 대화에 집중하지 않는다고 느낄 것이다. 그만큼 눈은 많은 메시지를 담고 있다. 서로 시선을 교환한다는 것은 감정적 전염의 핵심 과정이다. 눈길은 사람과 사람을 이어주는 마음의 연결고리를 만든다.

두 번째 길은 손길이다.

적절한 손길이 필요하다. 시카고대학교의 데이비드 맥닐(David McNeil) 박사는 모든 것이 두 손에 달렸다고 했다. 그만큼 손은 우리의 이야기를 보완하거나 대체하는 역할을 담당한다. 말하기 코칭을 할 때도 자세를 바로잡고 어깨 평행을 맞추거나 다리에 힘을 주고 상체 힘을 빼는 등의 균형을 맞추는 것은 몇 번의 연습으로 가능한데, 수강생들이 제일 난감해하고 잘 안되는 것이 바로 손 위치와 움직임 등이다.

평소 말할 때 나의 손이 어디에 있는지, 어떻게 움직이는지 확인해본 적 있는가? 손이 내 마음대로 안될 때가 있다. 급기야 손 사용을 의식할라치면 로봇처럼 경직된 제스처가 나온다. 손길은 나의 분위기와 맞아야 한다. 즉, 자연스럽게 나와야 한다. 다만, 자연스럽게 나오되 그 모습이 전문성을 갖췄으면 좋겠다.

1:1로 대화할 때 손이 어디에 있는지 살펴보자. 앉아 있을 때, 테이블 위에 있는지 아래 있는지, 손을 자주 사용하는지 주변 사람들을 터

치하는지 등을 인식해본다. 그리고 상황과 상대에 따라 적절한 손길을 표현하는지 생각해보자. 테이블 아래 있어서 뭔가 숨기는 듯한 느낌을 주지는 않는지, 테이블 위에서 손은 부산스럽게 움직이지 않는지 등을 살펴보자. 서 있을 때도 손이 뒷짐을 지는지, 앞으로 공손히 모으는지 등도 살펴보자. 뒷짐은 양반 자세로 가슴이 펴지면서 턱이 올라가기도 한다. 시선도 위에서 아래로 내려보는 느낌을 줄 수 있다. 또한 앞으로 모으는 것은 겸손해 보이지만 자신감이 없어 보이기도 한다. 두 번째 손가락은 포인트로 사용하는 경우가 많은데 강조할 때 임팩트를 줄 수 있지만, 그 손가락이 상대를 향하면 비난으로 인식될 수 있으므로 조심해야 한다. 상대는 그 손짓 하나로 당신에게서 멀어지고 당신만 보면 주눅들 수도 있음을 명심하자. 손길은 나의 상태나 마음가짐을 드러내는 강력한 도구다.

세 번째 길은 발길이다.

발길은 상대를 향해 있어야 한다. 발길은 무의식의 발현이다. 왜냐하면 사람의 몸은 허리 아래쪽 비언어는 쉽게 조작하기 어렵기 때문이다. 시선이나 표정 등은 바로 관리하고 신경 쓸 수 있다. 하지만 진짜 속마음인 하체는 훈련하거나 신경 쓰지 않는 경우가 많다. 몸은 무의식적으로 자신의 모습을 표현하기 때문에 발의 방향이나 위치는 상대의 마음을 알 수 있는 중요한 단서가 된다.

1930년대 제임스(W. T. James)라는 학자가 배꼽 연구를 했다. 사진 속 인물들의 다양한 포즈에서 350가지 정도의 의미를 구분해내는 실험이었다. 그는 사람 배꼽의 방향성에 따라 접근, 회피, 팽창, 수축이라는 네 가지 심리 상태를 정리했다. 접근은 관심이 있다는 뜻이고 회피는 무관심, 팽창은 관심과 확신, 수축은 불안과 흥미의 감소를 드러낸다. 학자에 따라서 배꼽의 방향, 하체의 방향, 발의 방향과 위치 등으로 다양하게 표현되지만, 결국 허리 아래쪽과 접근 상태가 중요하다.

소개팅할 때, 비즈니스 미팅할 때, 강의할 때 등 상대가 나에게 관심이 있다면 하체의 방향이 나에게 향해 있을 것이다. 배꼽은 몸의 중심에 있고 발의 방향과 일치되는 경향이 있기에 전반적인 몸의 방향을 보면 나에 대한 상대의 관심도를 알 수 있다. 실제 기업 강의에서도 사람들의 발 방향을 본다. 교육에 관심 없는 사람들은 대부분 발의 방향이 문 쪽으로 향해 있다. 그럴 때 교육생들을 일으키고 재미있는 활동을 하면서 하체의 방향이 강사 쪽으로 바꿀 수 있도록 한다. 그러면 대부분 분위기가 전환된다. 나에게 관심이 있는지 알고 싶다면 상대방의 발길이 어디로 향해 있는지 보면 된다. 마찬가지로 특히 소중한 사람들과 대화할 때, 나의 온 마음과 몸이 상대를 향해 있는지 점검을 해볼 필요가 있겠다.

타인과의 연결을 위해서는 눈길, 손길, 발길이 상대에게 먼저 향해 있어야 한다. 먼저 나부터! 나의 눈길, 손길, 발길은 지금 어디를 향해 있는가?

08

결국 한 명은
알아준다

    방송을 시작할 때의 제일 큰 난관은 첫 방송이다. 방송사에서 아무 경력도 없는 초보 방송인을 투입하는 것은 큰 도전이기 때문이다. 그래서 아주 작은 역할이라도 방송활동을 해보는 것이 중요했다. 나의 첫 방송은 게임 방송이었다. 아나운서를 준비하고 있었으므로 게임 쪽은 관심도 없었는데, 방송 입문이 어렵다 보니 공고가 났을 때 일단 지원했다. 당일 아나운서 응시자에 걸맞은 헤어스타일과 바바리코트 복장을 하고 오디션을 보러 갔다. 담당 PD님은 이런 내 모습이 흥미로웠나 보다. 그는 여러 질문을 하면서 실기 테스트도 했다.

그리고 마침내 나를 뽑아줬다. 데일리 방송 MC로 말이다.

우리 프로그램은 게임에 대한 전반적인 토크쇼 형식이었다. 그 당시 중계나 톡톡 튀는 게임 방송이 주목받을 때였는데, 게임 토크쇼라서 원래 말하는 대로 편안하게 진행하면 되었다. 그런데 욕심이 생겼다. 다른 MC처럼 튀고 싶었다. 그래서 발성을 높게 잡고 엄청나게 생생한 에너지로 인사하고 끝까지 그 텐션(긴장도)을 유지했다. 그렇게 방송을 며칠 하니 게시판에 이런 글이 올라왔다.

'저 MC 내려라!'

이유는 MC가 너무 부담스럽다는 것이다. 그 한 명의 게시글로 생각이 많아졌다.

'역시 이 길은 내 길이 아닌가 보다……'

아나운서를 준비하다가 연예인처럼 보이려고 했으니, 얼마나 어색했겠는가. 이 글로 부정 편향(부정성에 과도하게 집중)이 심해졌다. 나는 방송을 하면 안 된다! 나 같은 사람이 무슨 방송인가, 앞으로 나는 어떻게 해야 하나 고민스럽고 부끄러웠다. 프로그램에 피해를 준 것 같았다. 그때 담당 PD님이 나를 불렀다. 그리고 글을 봤냐고 물었다. 그때 나는 고개를 숙이면서 죄송하다고, 열심히 하겠다고 말했던 것 같다.

"기죽을 필요 없어. 오디션에 바바리코트를 흩날리며 들어오던 넌 이상한 아이였어. 너의 색이 분명했지. 그리고 실기도 잘하는 거야. 멘트력도 좋고 애드리브도 좋고 자신감 있는 태도도 참 좋더라. 널 보여줘봐. 그때 그 느낌으로 하면 되는 거야. 신경 쓰지 말고 다양하게 해봐. 월요일부터 금요일까지 데일리 방송이니까 얼마나 찾기 좋아?"

나의 편이 있다는 것, 나를 믿어준다는 것의 힘을 그때 알게 되었다. 이래저래 시도해보면서 나는 프로그램 MC로서 안정을 찾을 수 있었다. 한순간에 다듬어지지는 않았지만, 누구보다 열정적으로 그것을 보여주려고 했다. 나중에는 점점 다듬어지면서 칭찬도 많이 들었다. 무엇보다 방송이 재미있었다. 진짜 재미있었다. 결국 시작은 한 명이었다. 최선을 다하면 한 명은 알아봐주고 믿어준다. 그것이 큰 힘이 된다. 아무것도 안 하고 알아주길 바라면 안 된다. 하고 싶은 열정과 믿음이 있다면 누구든 알아준다.

말하기도 그랬던 것 같다. 마음먹으면 바로 잘될 줄 알았다. 중간에 실패하고 잘 안되더라도 매 순간 최선을 다하는 모습들이 모여서 말하기 실력도 늘었다. 타인과 연결되는 말하기 역시 그런 마음이 필요하다. 모두를 만족시키고 모두에게 인정받기란 어려울 수 있다. 하지만 꾸준히 훈련하다 보면 어느 순간 누군가는 알아주는 사람이 생긴다.

그 한 명이 나타나지 않는다면, 스스로 그 역할을 하면 된다. 적어도 나는 나를 인정하고 믿어주는 한 명이 될 수 있다. 스스로 믿어주고 최선을 다하는 마음을 가지자. 그래야 입을 떼어 최선을 다해 나를 표현할 수 있다. 그러다 보면 한 명, 두 명 알아주는 사람이 생길 것이고, 어느 순간 수많은 사람이 인정해주는 날 또한 올 것이다.

STEP 3

TRAINING

TRAINING 01

: 대-목-주 구조 훈련

1:1로 대화를 나눌 때는 자연스럽게 하면 되지만, 사람들 앞에서 말할 때는 구조적으로 말하는 것이 좋다. 사람들 앞에서 말할 때를 기준으로 훈련해보자. 사람들 앞에서 말하는 것은 목적이 있다. 목적은 듣는 사람들에 따라서 정보 제공, 설득과 행동 촉구, 재미와 오락, 격려로 나눌 수 있다. 1: 소수 말하기, 1: 다수 말하기 상황에서는 더욱 그렇다. 지금부터는 상대를 신경 쓰면서 말해야 한다. 대상, 목적, 주제의 '대-목-주'를 파악하고 준비한다.

1 대상

대상이 누구인지를 살펴본다. 대상을 알아야 설득할 수 있다. 과녁에 화살을 맞힐 때도 과녁이 어디에 있는지, 거리가 어떻게 되는지, 환경은 어떤지 알아야 맞힐 수 있듯이 대상에 대한 이해와 상대의 욕구를 파악해야 마음을 움직일 수 있다.

2 목적

어떤 목적으로 말하기를 하는지 명료화할 필요가 있다. 내비게이션
에 목적지를 찍듯, 말하기 뒤 어떤 일이 벌어지길 원하는지 청중이 원
하는 목적과 내가 정한 목적을 잘 연결해서 함께 가야 한다.

3 주제

전달하고자 하는 핵심 메시지 한 문장이 있어야 한다. 결국 최종적으
로 자신이 말하고 싶은 한 문장은 무엇인지 정리되어 있어야 핵심을
전달할 수 있다.

대-목-주 파악 연습 예시

말하기 전에 파악하며 말하기 지도를 그린다.

- 대상: 말해야 하는 대상은 누구인가?
- ○ 말하기에 있어서 내향적인 사람들
- 목적: 어떤 목적으로 말하는가?
- ○ 말하기를 잘할 수 있다는 용기를 주고 응원하기
- 주제: 나눠야 하는 핵심 메시지는 무엇인가?
- ○ 말하기 성장 5단계를 통해 말하기 실력이 향상될 수 있다.

적용

대-목-주 파악	실습 문장

대상
: 말해야 하는
대상은 누구인가?

목적
: 어떤 목적으로
말하는가?

주제
: 나눠야 하는
핵심 메시지는 무엇인가?

대상-목적-주제를 파악하고 난 뒤, 전체 개요를 그리면 된다. 앞서
활용했던 3단계 구성법 등을 통해 구체화하고 어떤 방법으로 말할지
고민해보자.

: 논리적 구조 훈련

앞서 세 가지 덩어리 구성법으로 셀프 토크를 연습해봤다. 표현하기 훈련에서는 남들에게 말할 때, 좀 더 신뢰감을 보여줄 수 있는 말하기 구조를 훈련해보고자 한다.

뉴스는 헤드라인이 있어서 뉴스 시작만 들어도 앞으로 어떤 기사 내용이 나올지 알 수 있다. 즉, 말하고자 하는 내용을 미리 정리해준다. 이를 키 메시지(Key Message), 리드 메시지(Lead Message)라고 한다. 뉴스 시작에서 전체 기사의 핵심 정보를 말해준다. 그리고 구체적인 세부 사항들을 육하원칙으로 말해준 뒤 근거와 예시, 인터뷰 등이 나오고 마지막으로 뉴스를 요약, 전문가 의견, 시사점 등을 정리하면서 마무리된다.

신뢰감 있게 말하려면 내가 말할 메시지를 분명하게 줘야 한다. 그것의 이유와 근거를 구체적으로 설명할 수 있으면 논리적으로 느껴진다. 말하기는 결론부터 말하기, 마지막에 결론 말하기 방법이 있는데, 말하기에 자신감을 가지기 위해서는 처음에 결론을 이야기하는 것이 좋다. 무슨 이야기를 할지 분명히 알려주면 상대방은 관심을 가지기 때문이다. 말하기 연구 학문인 수사학에 따르면 말할 것을 말하고, 말하고, 말한 것을 말하라는 말이 있다. 즉 무엇을 말할지 예고하고, 말하고, 정리하라는 것이다. 굉장히 단순하다. 논리적으로 말하기는 애매모호하지 않게 결론과 이유, 근거가 명확히 제시되는 구조로 구성한다.

PREP 기법

'처칠식 말하기'로도 유명한 PREP 기법은 시간이 없을 때 간략하고 핵심만 논리적으로 말할 수 있는 장점이 있다.

- P-Point: 말하고자 하는 요점
- R-Reason: 그렇게 생각하는 이유
- E-Example: 근거 및 예 제시
- P-Point: 다시 한번 말하고자 하는 요점

📂 예시

- P-Point: 최근에 재밌는 영화가 나왔는데 같이 보러 가자.
- R-Reason: 이 영화는 배우들의 연기가 뛰어나고 스토리도 흥미진진해. 지금까지의 개인 캐릭터 성장 영화 중 평점 최고야.
- E-Example: 특히 주인공의 성장 과정을 표현하는 장면은 정말 감동적이고 중간에 반전이 있는데 정말 예상하지 못한 전개로 긴장감이 대단하다는 평이야. 평소 성장 영화를 좋아하니까 너도 분명 좋아할 거야.

- P-Point: 이 영화 같이 보러 가자.

꼭 PREP 기법이 아니더라도, AREA 기법 또한 말하고자 하는 메시지와 이유, 근거 등은 신뢰감을 주는 말하기 방식으로 알려져 있다.

- A-Assertion(주장): 자신이 이야기하고 싶은 부분, 주제
- R-Reason(이유): 상대방이 가진 의문점에 대해 설명
- E-Evidence or Example(증거, 예시): 실제적이고 구체적인 예시를 들어서 보충 설명
- A-Assertion(주장): 다시 한번 자신의 주장을 정리

예시

- A-Assertion(주장): 최근에 자주 지각하는 걸 보았는데 시간을 지켜주길 바랍니다.
- R-Reason(이유): 팀원 모두 열심히 일하는데, 자주 지각하는 행동은 팀워크에 악영향을 미칠 수 있고 평가에도 영향을 미칠 수 있기 때문입니다.
- E-Evidence or Example(증거, 예시): 지난주 월요일과 수요일에 각 10분씩 지각을 했고 목요일에는 20분 지각했습니다.
- A-Assertion(주장): ○○님은 능력 있는 팀원이고 팀에서 중요한 역할을 하고 있습니다. 하지만 지각 문제가 지속되면 ○○님의 성장 기회도 제약이 있다는 걸 기억해주세요. 시간을 잘 지켜주길 바랍니다.

PREP 기법으로 말하고자 하는 메시지와 이유와 근거 등을 훈련해보자. 논리적으로 말하고 싶은 말하기를 정해서 시도해본다. 점심 메뉴 선정부터 PT 발표까지 다양하게 활용할 수 있다.

 논리적 구조 적용

PREP 기법	실습
P-Point : 말하고자 하는 　요점	
R-Reason 　: 그렇게 생각하는 이유	
E-Example 　: 근거 및 　예 제시	
P-Point 　: 다시 한번 말하고자 하는 　요점	

TRAINING 03

: 정확한 발음으로 명료한 이미지 주기

소리가 잘 울려도 발음기관에서 발음을 잘 못하면 알아듣기 어렵다. 상대방이 "뭐라고 말씀하셨죠?"라고 자주 묻는다면 발음을 살펴봐야 한다. 입술이 정확하게 움직이는지, 치아와 턱 등이 잘 움직이는지 확인해야 한다. 입을 크게 벌리고 혀가 올바른 위치에서 발음을 돕고 있는지 봐야 한다.

입술은 모음을 결정하는 데 중요한 역할을 한다. '아에이오우으외위'를 정확하게 발음해본다. 입의 크기와 입술 모양이 달라지는 것을 느껴본다. 입술로 모음을 잘 만들어야 발음의 뼈대가 단단해진다. 거울을 준비하고 '아에이오우으외위'를 말해본다. 어떤가? 정확하게 움직이는가? 모음은 방해 없이 나오는 소리이기 때문에 입술 모양만 정확하게 해줘도 음가를 잘 살릴 수 있다.

1 입술 활용 발음

입술을 잘 활용해야 하는 자음은 'ㅂ, ㅃ, ㅍ, ㅁ'이다. 바다, 마음, 파도, 뽀로로 등을 발음해보자. 입술이 정확하게 움직이는가? 닫혔다가 잘 열리기도 하는가? 아니면 입술의 움직임이 거의 없는가? 위의 입술을 활용하는 자음은 입이 잘 열리고 닫혀야 한다.

2 혀의 위치에 따른 발음

자음은 공기가 폐에서 입 밖으로 나올 때 장애를 받으며 나는 소리다. 그래서 공기를 막는 혀의 위치가 어디에 있느냐에 따라 다른 소리가 난다. '나라자가하'를 발음해본다. 발음별로 위치가 달라야 한다. '나라자가하'를 한 번 더 해본다. 어떤가? 혀의 위치와 모양이 다른가? 혀는 발음에 중요한 역할을 한다. 혀는 근육이기 때문에 풀어주면 아주 유연하게 발음된다. 혀의 유연함과 혀의 위치를 살펴봐야 하는데 혀의 위치를 점검해보면 안되는 발음들을 찾을 수 있다.

3 신경 써야 하는 발음

보통 발음하는 데 어려움을 겪는 경우는 치조음이다. 치조음은 윗니 뒤쪽과 윗잇몸이 만나는 쪽에서 소리가 난다. 'ㄷ, ㄸ, ㅌ, ㅅ, ㅆ, ㄴ, ㄹ'이다. 이 발음들은 혀의 위치를 잘 만들어줘야 한다. 특히 'ㄴ, ㅅ, ㄹ'의 경우는 더 신경 써야 한다. 잘 안되는 발음이기 때문이다. 윗니 뒤쪽과 윗잇몸이 만나는 곳까지 혀가 올라갔다가 내려와야 한다. 혀를 위, 아래 이 사이에 끼우면 안 된다.

'나비', '노란색', '노을' 등을 발음해보자. 윗니 뒤쪽 윗잇몸과 만나는 곳에 혀가 붙었다가 떨어지는지 보자. 'ㄴ' 발음에서 혀가 위아래 치아 사이에서 발음되는 경우를 주의하자. 의외로 'ㄴ'을 치아 사이로 물고 발음하는 경우가 많다.

'ㅅ' 발음도 치조음이다. 그런데 혀가 입천장에 붙었다가 떨어지거나 입천장 위에 붙지 않고 떠 있으면 짧은 발음이 난다. '사랑해', '사고', '사장님', '소소한' 등을 발음해보자. 어떤가? 입안에 떠 있지는 않은가? 혀의 위치를 잘 파악해보자.

'ㄹ'은 앞에 나오면 혀를 윗니 뒤쪽에서 튕기듯 발음하고, 끝나는 음에 나오면 약간 굴린다. 앞에 나오는 '라', '리', '러' 등을 발음해보고 '갈', '걸', '말', '일', '칼' 등 혀의 위치를 파악해보면 조금 더 쉽고 명확하게 발음할 수 있다.

발음이 명확하게 들리기 위해서는 다른 음성기관들과의 협업이 중요하다. 앞서 훈련했던 호흡, 발성, 공명도 훈련하면 좋다. 배 안쪽 깊숙한 곳에서 호흡을 끌어올리며 소리내기(배에 힘주기), 소리의 음을 급하게 올리거나 급하게 내리지 않기, 소리가 울릴 수 있도록 힘 빼기 등으로 소리의 매력을 더해보자.

: 표정 훈련

마음은 눈에 보이지 않는다. 하지만 마음을 표현하는 기술은 눈에 보인다. 보통 마음을 표현하는 기술을 통해 마음이 보이는 경우가 많다. 《어떻게 말할까》의 저자 로버트 볼튼(Robert Bolton)은 시각적 단서로 화자의 감정을 측정할 수 있다고 했고, 찰스 로버트 다윈(Charles Robert Darwin)은 《인간 및 동물의 표정에 관하여》에서 아기 표정을 분석한 결과 표정은 보편적이며 선천적으로 타고난다는 것을 밝혀냈다. 또한 애니메이션 〈인사이드 아웃〉과 드라마 〈라이 투 미〉를 자문한 폴 에크먼(Paul Ekman)은 얼굴, 특히 표정 연구를 통해 6~7개의 감정은 동일한 표정으로 나타난다고 말한다. 행복, 슬픔, 분노, 놀람, 혐오, 공포와 같은 몇 개의 표정은 전 세계 어디에서나 보편적으로 나타나며 이는 우리가 표정만으로도 감정을 읽을 수 있다는 것이다.

우리는 표정을 관리할 수 있다. 우리의 몸 부분에서 허리 위쪽 부분, 특히 얼굴로 올라갈수록 의식적으로 비언어를 관리하는 것을 학습했다. 또한 사회생활, 관계 등에 따라서 상황에 맞춰 표정을 관리한다.

하지만 감정이 관리되지 못할 때 미세 표정에 의해서 잠깐 나타나는 경우가 있다. 말할 때 좋은 이미지를 위해서 특히 신경 써야 할 세 가지 표정에 대해 생각해보자.

1 분노와 혐오감의 표정

분노의 감정이 느껴지면 위협을 느끼게 되니 좋은 이미지로 보일 수 없다. 그런데 분노보다 더 주의해야 할 표정이 바로 혐오감의 표정이다. 코가 구겨지고 볼이 올라가며 눈썹이 내려가고 입을 살짝 벌린 상태에서 한쪽 입술이 올라가는 표정이다. 그런데 이 표정을 연구한 학자들에 따르면 이 표정이 스치듯이 보여도 상대방은 무의식적으로 자신의 존재를 무시하는 느낌을 강하게 받는다는 것이다. 미세한 표정으로도 타인에게 무의식적 인식을 심어줄 수 있기 때문에 조심해야 한다. 혐오감의 표정은 조직을 이탈하게 하고 결혼생활을 끝낼 만큼 부정적으로 작용한다고 하니 사람을 대할 때, 꼭 신경 쓰길 바란다. 특히 가족을 대할 때는 편해서 너무 격 없이 대할 수 있으니 더욱 존중하는 표정을 보여주도록 하자.

2 웃는 표정, 미소

자신의 표정을 집중적으로 본 적 있는가? 한번은 핸드폰의 셀카들을 살펴본 적이 있다. 셀카도 거의 없지만 다른 사람들과 찍은 사진들을 봐도 표정이 늘 비슷하다. 좋고 안 좋고이다. 여러 표정을 시도해보고 있는데 생각보다 쉽지 않다. 인간의 얼굴은 43개의 근육으로 구성되어 있으며 이 근육들로 만들 수 있는 표정이 10,000가지 정도 된다. 즉, 다양한 표정 연출이 가능하다는 말이다. 표정 중에서도 미소는 상대방에게 따뜻하고 친근한 인상을 주어 호감을 높인다. 상대방과의 심리적인 거리감을 줄여주는 데 탁월한 역할을 하기 때문에 긍정적인 분위기를 만든다. 미소는 뒤센 미소(눈 주위의 근육과 입꼬리를 올리는 광대근의 변화가 있는 미소), 팬암 미소(입꼬리만 올라가고 눈 주위 근육은 움직이지 않는 미소) 등이 있는데, 진심에서 우러나오는 뒤센 미소가 진정성을 보여준다. 자연스럽게 웃는 표정으로 미소를 실천해보자. 그 연습 방법은 다음과 같다.

입꼬리 올리기

《내면소통》의 저자 김주환 교수는 연구를 통해 입꼬리 올리는 행동적인 변화로도 긍정적인 호감도가 상승한다는 것을 밝혔다. 연구에서 연필을 입으로 물게 해서 인위적으로 표정을 만들어 미술 작품에 대한 호감도를 조사했다. 입꼬리를 올리는 것은 긍정적인 일이 일어날 때 뇌의 반응과 같은 반응을 보인다고 한다. 입꼬리를 올리는 것은 말하는 사람의 정서 상태를 즐겁게 만들 수 있고 이러한 기분 상태는 현장 분위기에 영향을 줄 것이다. 입꼬리를 먼저 올리는 것부터 시작해보자.

눈 웃기

오래된 연구지만, 미소에 대한 강력한 추적연구가 있다. 1960년 캘리포니아대학교 버클리의 리엔 하커(LeeAnne Harker) 교수와 대처 켈트너(Dacher Keltner) 교수는 여자 대학교의 같은 해 졸업생 140여 명을 대상으로 30년간 연구를 했다. 각각 27세, 43세, 52세가 되었을 때 변화를 살펴보는 연구를 진행했는데, 훗날 네 가지 면에서 월등한 사람들을 발견하게 된다. 그들은 건강하고 결혼생활 만족도가 높았고 소득 수준, 행복도가 높았다. 바로 뒤셴 미소를 보인 사람들이 그랬다. 뒤셴 미소는 입꼬리는 올라가고 반달눈에, 눈가에 주름이 있고 뺨 근육이 올라가는 미소를 말한다. 뒤셴 미소는 뒤셴(Guillaume Duchenne)이라는 학자가 연구했다. 그는 눈둘레근을 연구하는 학자였는데, 진짜 웃음과 가짜 웃음을 연구하던 중에 눈가 주변 근육은 어떤 인위적인 자극에도 반응하지 않는 것을 알게 된다. 눈둘레근은 진심으로 웃을 때만 움직이는 근육이라는 것을 밝혔다. 즉, 눈가도 같이 웃는 웃음을 뒤셴 미소라고 한다.

입꼬리를 올리고 진짜 미소라고 불리는 눈 주변 근육까지 움직인다면 청중으로 하여금 호감을 높일 수 있다. 입꼬리뿐 아니라 눈 주변의 근육까지 써 마음껏 웃을 수 있는 사람은 청중으로 하여금 미소를 짓게 하고 더욱 이야기에 경청하게 한다는 것을 잊지 말자. 웃는 얼굴이 청중의 감정과 태도까지 바꿀 수 있다.

: 시선 훈련

대중 연설에서 시선은 한 사람당 3초가 적당하다고 하는데, 이도 개인차가 있어 보인다. 하나의 문장이나 질문 등에 시선을 한곳에 집중시키자. 말하는 사람에 따라 차이가 있긴 하지만 잠깐은 한 명씩 쳐다볼 필요가 있다. 잠깐씩 쳐다보면 연사도 청중을 보고 청중도 연사를 보는 상호 응시가 가능하기 때문에 사람이 많더라도 최소한 한 번 정도는 대화했다는 느낌을 받을 수 있다. 상대방이 부담스럽지 않게 혹은 소외당하는 느낌 없이 편안하게 시선을 주는 것을 훈련해보자.

감정을 호소할 때는 청중의 왼쪽 눈을 보고, 논리적 설명은 오른쪽 눈을 바라보라는 이야기도 있지만 그런 것까지 어떻게 신경을 쓰겠는가. 말할 때 공간을 3, 4군데로 나눴을 때 공간에 시선을 골고루 분배하는 느낌을 가진다. 보통 본인이 편한 쪽만 계속 쳐다보려는 습관이 있다. 편한 방향이 있다. 위를 보는 것이 편한 사람도 있고 아래 보기, 왼쪽 보기, 오른쪽 보기, 고개를 갸우뚱하면서 사선으로 아래 쳐다보기 등 시선의 방향이 다양하다. 앞에 나가 발표할 경우, 자신이 어디를 주로 쳐다보는지 살펴보자. 그리고 시선이 어떤 분위기를 연출할지 생각해보는 것이다. 제일 좋은 것은 전체를 골고루 쳐다보며 균형 있게 시선을 배분하는 것이다.

정답은 아니지만, 시선이 너무 부담스럽다면 거리에 따라서 보는 위치를 조절해보자. 한쪽 팔을 쭉 펴본다. 팔을 폈을 때 거리 정도일 경우에는 눈과 눈 사이 미간을 쳐다보면 눈을 보는 것 같은 느낌을 준다. 거리가 멀어지면 시선도 얼굴 전체로 확대되기 때문에 얼굴 아래쪽 인중 부분을 쳐다보면 자연스럽게 보인다. 거리에 따라서 쳐다보는 부분을 조절해보자. 잘 안될 경우만 그렇게 하자. 사실 눈을 쳐다보는 게 제일 좋다. 눈은 나를 말할 수도, 상대를 읽을 수도 있는 중요한 마음의 도구다.

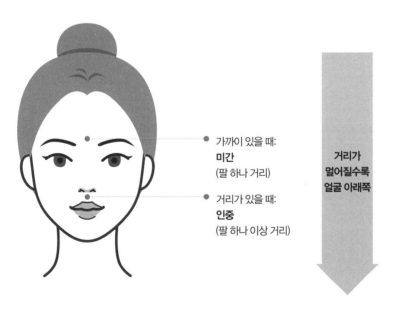

가까이 있을 때:
미간
(팔 하나 거리)

거리가 있을 때:
인중
(팔 하나 이상 거리)

거리가
멀어질수록
얼굴 아래쪽

TRAINING 06

:제스처 훈련

손동작은 언어를 보완해서 설명해주는 역할을 한다. 내용을 강조하거나 대화 흐름을 조절할 수 있다. 설명하기 어려운 부분의 내용을 보충하기도 한다. 또한 감정을 표현하기도 하고 사회적 상호작용을 나타낸다. 악수, 포옹, 박수, 엄지 올리기 등이 그렇다. 평소 말할 때 나의 손이 어디에 있는지, 어떻게 움직이는지 관찰한다.

1 무화과 나뭇잎

먼저 두 손을 앞으로 모으고 허리 아래로 내려서 잡고 있는 경우다. 이는 아주 겸손된 표현법이다. 그렇지만 자신감이 없어 보일 수 있다. 깍지 낀 손이 내려올수록 설득하거나 협상을 하기 어려워진다는 연구 결과도 있다. 이 자세는 무화과 나뭇잎 자세라고 번역되어 불리기도 하는데, 손이 모아지면 자연스럽게 어깨도 수축되고 고개도 앞으로 나와 자신이 없어 보일 수도 있다. 겸손된 모습이나 미안함을 표현할 때, 배려의 모습을 강조하고 싶을 때를 제외하고는 손을 조금 더 올리거나 손을 벌려 손이 열린 자세로 만드는 게 좋다. 특히 손바닥을 보이면서 손을 허리 위로 올려주면 '당신에게 열려 있습니다' 하는 뜻이 된다. 미국의 전 대통령 버락 오바마도 손바닥을 자주 보이며 연설했다. 이는 상대에게 우호적이라는 뜻이기에 적절히 보완해서 사용할 수 있겠다.

2 주머니에 손 넣기

주머니에 손 넣기는 소극적이나 무관심이라는 의미다. 특히 두 손을 다 넣으면 이야기에 관심이 없는 방관자의 느낌을 줄 수도 있다. 주머니에서 손을 빼는 것 그리고 그 손을 적절하게 사용하는 것이 중요하다. 한 손은 넣고 한 손은 활용하는 경우도 있는데, 이런 자세는 어떨까? 문화에 따라 다르지만, 손을 넣을 때는 엄지가 밖으로 보이도록 넣는 것이 훨씬 자신감이 있어 보인다. 손가락이 모두 주머니 안으로 들어가면 소극적으로 보일 수 있으니, 손을 주머니에 넣을 때는 한 손은 주머니 밖에서 잘 활용할 수 있다면 좋다. 물론 우리나라와 같은 고맥락 문화(상황, 배경, 관계 등이 중요한 문화)를 가지고 있는 경우에는 예의가 없어 보일 수 있기 때문에 상황과 분위기에 따라 연출을 고민해봐야 한다.

3 팔짱 끼기

최근 말하기에서 팔짱을 끼거나 손으로 턱을 만지는 제스처 등을 하는 경우가 많아졌다. 예전에는 예의 없어 보이기도 한 행동이었지만, 오히려 팔짱을 끼고 턱을 만지면서 생각하는 느낌을 주는 모습이 의외로 전문적인 느낌을 주기도 한다. 그런데 문제는 팔짱을 낀 자세가 닫힌 모습, 경직된 모습, 권위적인 모습으로 보일 수 있다는 것이다. 평소 좋아하는 사람들과 대화할 때 팔짱을 끼는지 살펴보자. 자신에게 팔짱을 낀 것이 편안하고 기분이 좋기 때문에 그렇게 습관이 든 것이고, 상대에게도 그렇게 전해진다. 그런데 호감 가는 일이나 행복감을 느끼는 일에는 보통 팔짱을 끼지 않는다. 기분이 좋으면 자세가 열리게 되어 있기 때문인데 스포츠 경기에서 승리한 사람들의 자세를 보면 팔짱을 끼고 최대한 움츠린 채 기쁨을 표현하지 않는다. 그들은 극적으로 이긴 경기일 때는 두 팔을 더욱 활짝 펼치고 온몸을 팽창시킨다. 이는 장애인 올림픽에서도 마찬가지다. 선천적으로 눈이 보이지 않아 학습이 안 된 선수들도 우승할 때는 두 팔을 최대한 벌리고 온몸을 팽창시켜 환호한다고 한다. 이는 본능이다. 상황에 따라 다르겠지만 말할 때 팔짱을 끼는 것보다 몸을 반듯하게 펴고 어깨도 펴고 손을 움직이면서 좀 더 적극적인 느낌을 주는 것이 좋다. 열린 자세는 상대의 마음을 열리게 할 것이다.

: 프론팅 훈련

몸의 위치와 방향도 중요한 메시지다. 앞서 말했듯, 사람 몸의 허리 아래쪽 비언어는 쉽게 관리되지 않는다. 우리는 시선이나 표정 등은 바로 관리할 수 있지만 진짜 속마음을 드러내는 하체는 신경 쓰지 않았기 때문이다. 몸은 무의식적인 나의 모습을 반영하기에 대화에서 굉장히 중요한 단서가 된다.

몸의 방향은 마음의 화살표다. 커뮤니케이션의 저명한 학자 알버트 메라비언(Albert Mehrabian)도 몸의 방향은 자신의 관심과 의도를 나타내는 가장 좋은 방법이라고 했다. 사실 연애 초기를 생각해보면, 우리 몸은 상대를 향해 기울어져 있고 온몸의 방향은 그 사람을 향해 있으며 상대와의 거리도 가깝다. 즉, 관심이 있다는 것이다. 관심을 가지면 몸의 방향은 무의식적으로 관심을 가지는 대상을 향할 수밖에 없다. 인간 행동 연구가 바네사 반 에드워즈(Vanessa van edwards)의 책《큐》에서는 상대방의 주의를 끌기 위해 몸을 상대방 쪽으로 향하는 것을 프론팅이라고 했는데, 이는 몸을 앞으로 기울이고 공간을 활용하는 등 상대에게 관심 있다는 것을 표현하는 방법이다. 그녀는 발끝, 몸통, 상체를 주목하는 대상에게 맞추라고 했다. 즉 사람들을 대할 때, 온 마음과 온몸의 방향을 상대에게 맞춰보라는 것이다. 그러면 상대도 그렇게 할 가능성이 커진다.

적용

일상생활 대화에서부터 프론팅이 되는지 관찰하고 시도해보자.

- 자기 관찰
- 나의 상체, 몸통, 하체의 방향은?
- 상대 관찰
- 상대의 상체, 몸통, 하체의 방향은?
- 의도적 프론팅
- 상체, 몸, 하체를 상대에게 프론팅해본다.

상대의 자세에도 변화가 있는지 점검한다.

: 존중을 담은 경청하기

우리는 상대의 말에 온전히 귀를 기울이기 쉽지 않다. 스티븐 코비 (Stephen Richards Covey)의 《성공하는 사람들의 7가지 습관》에 따르면 상대방과 대화할 때, 경청한 다음에 상대를 이해시키라고 한다. 그는 5단계의 경청을 제시하는데, 1단계는 무시하기, 2단계는 듣는 척하기, 3단계는 선택적으로 듣기, 4단계는 귀 기울여서 듣기, 5단계는 공감적 경청이다.

아이와 대화하면서도 다음 할 일에 대해 머릿속으로 리스트를 작성하고 있다. 필요한 말만 골라 듣는다. 강의를 하면서도 상대가 말할 때 다음 말을 뭘 할지 생각한다. 강의 관련 미팅을 할 때도 어떻게 하면 어필할 수 있을지 생각한다. 상대의 이야기에 완전히 집중하는 것이 쉽지 않다. 그럴 때 경청을 '상대를 향한 존중의 표시'라고 생각해보면 어떨까?

데일 카네기(Dale Carnegie)의 《인간관계론》에는 상대에게 질문하고 잘 들어주기만 했는데, 말 잘하는 사람으로 신문에 났다는 이야기가 있다. 그냥 잘 들어주기만 해도, 상대는 대화를 잘했다는 느낌을 받는다. 말을 유창하게 하는 것만이 말 잘한다고 느끼게 하는 건 아니다. 잘 들어주기만 해도 말 잘한다고 생각하게 만든다. 대화가 끊이지 않고 잘 이어졌기 때문이다. 소통이 잘된다고 느낄 수밖에 없다.

• 상대의 말을 끊지 않는다.
◦ 온 몸(프론팅)과 온 마음을 그 시간만큼은 상대에게 집중하고 자신의 시간을 선물한다는 느낌을 가지고 대화하기
• 조언이나 평가가 아니라 이해하려는 반응을 해본다.
◦ 바로 대답하지 않고 한번 생각하기
◦ 그럴 수 있겠네요. 아이고, 어쩌나 등 상대의 말에 대해 더 깊이 이해하려고 노력해보기
• 관련된 질문을 하면서 상대방의 말에 반응하고 호기심을 가진다.
◦ 그래서요? 어떤 마음이었어요? 어떤 생각이 들었을까요?
• 상대의 말을 한 번 더 요약해주면서 관심 있게 듣고 있음을 느끼게 한다.
◦ 그럼 잘하고 싶은 마음이 있으셨다는 말씀이군요.
• 상대방이 내 감정과 의견이 달라도 순수한 관심을 가진다.
◦ 그래서 어떻게 되면 좋겠어요?

Attention

주의 사로잡기

상황별 말하기 대처법
: 숨 막히는 두려움을 흘려보내고

5-Step Speaking Growth Training Guide

말하기 성장 5단계 중 1단계 See(내면을 관찰하기), 2단계 Practice(혼잣말 실행하기), 3단계 Express(타인에게 표현하기)까지 잘 넘어왔다. 사실 말하기는 참 즐거운 영역이다. 나를 표현하는 것이 기쁨을 줄 때가 많다. 3단계까지 잘 실행해도 말하기 즐거움을 조금이라도 느낄 수 있다. 여기에 욕심을 조금만 더 내보고자 한다. 익숙하지 않은 상황에서도 타인과 연결되어서 공명됨을 느낄 때 말하기는 더 즐겁기 때문이다. 그 즐거움을 느껴보면 좋겠다. 취약함이 드러났을 때, 인정받고자 하는 마음이 클 때, 재미있게 말하고 싶을 때, 거절해야 하는 상황에서, 화가 가득한 사람과 대화해야 할 때, 정확하게 전달하고 싶을 때, 떨리는 상황에서 어떻게 말하기를 하면 좋을지 정리해보았다. 이제 어떤 상황에서든 청중의 긍정적 주의를 사로잡아보자. 4단계는 Attention(주의 사로잡기)이다. '주의 사로잡기'는 튈 수 있게 말하는 방법이라기보다는 말할 때 상황별로 사람들에게 어떻게 하면 더 효과적으로 전달하여 나의 말에 주의를 기울이게 할지에 관한 내용이다. 숨 막히는 두려움을 흘려보내고 상황별로 어떻게 말하면 부드럽게 주의를 사로잡을지 함께 생각해보자.

01

모든 상황:
하나의 행동에도
YES를 담아서!

긍정적 주의를 기울이게 하려면, 내가 긍정적이어야 한다. 캘리포니아주립대학교의 연구팀은 머리를 끄덕이는 것만으로 특정 대상에 대한 호감도를 높일 수 있다는 연구 결과를 제시했다. 120여 명을 두 그룹으로 나눠 음악을 틀어주고 리듬을 타게 했는데, A그룹은 머리를 위아래로 흔들게 하고, B그룹은 머리를 좌우로 흔들게 했다. 연구팀의 연구 목적은 고개를 끄덕이는 'YES'의 행동과 고개를 좌우로 흔드는 'NO'의 행동이 추후 생각이나 결정에 어떤 영향을 미치는지 알아보는 것이었다. 음악이 나오자, 중간에 각 그룹의 실험자들 앞에 파란색 또는 와인색 펜이 올려진 책상을 가져다 놓아 무의식적으로 펜을 보게 했다. 음악이 멈춘 뒤, 참가자들에게 다양한 색의 펜을 제시하고 좋아하는 펜을 고르라고 했다.

'YES'를 의미하는 행동을 한 그룹과 'No'를 의미하는 행동을 한 그룹의 결과가 다르게 나왔다. 고개를 위아래로 끄덕이며 'YES'를 의미하는 행동을 한 그룹은 자신이 음악을 들으며 보았던 색의 펜을 75% 선호하는 반면, 고개를 좌우로 흔들며 'NO'의 행동을 한 그룹은 자신이 보지 않았던 펜을 73% 선호한다고 대답했다. 이런 작은 행동 하나도 생각과 정서에 영향을 미친다.

언어에 의해서도 행동과 정서는 영향을 받는다. 10년도 넘었는데 인상적이었던 실험이 있다. MBC에서 한글날 특집으로 실험을 했다. 문장을 만드는 언어능력 테스트라고 하면서 노인과 젊음에 관련된 단어로 문장을 만들게 했다. 그러고는 대기 장소로 이동하라고 하면서, 40미터 거리를 지날 때의 걸음 속도를 분석했다. 노인 관련 단어로 문장을 만든 사람들은 실험 전에 걸었던 시간보다 2초 32 늦게 걸었고, 젊음 관련 단어로 문장을 만든 사람들의 걸음은 실험 전보다 2초 46 빨랐다. 이러한 실험에 대하여 예일대학교 심리학과 존 바그(John Bargh) 교수는 단어에 노출되면 뇌의 일정 부분은 자극받고 무의식적으로 행동할 준비를 하게 된다고 말했다. 또 다른 실험도 했는데, 실험자들에게 짧은 영상을 보여주고 30개 단어를 기억하게 한 뒤 기억나는 단어를 적으라고 했다. 실험 결과 기억한 단어 중 부정적 단어(54.8%)가 긍정적 단어(45.2%)에 비해 9.6% 더 많았다.

우리는 본능적으로 긍정보다 부정에 더 영향을 받는다. 부정은 나에게 위험하다고 경고를 보내는 고마운 시그널이다. 그러니 그럴 수밖에. 실제로 부정적인 경험은 꽤 오랫동안 기억에 남는다. 감정을 주관하는 뇌의 변연계가 활성화되고 심장 박동이 빨라진다. 이성은 곧 마비가 된다. 즉, 우리가 단어를 보고 생각하는 것만으로도 우리의 행동과 정서에 영향을 미칠 수 있다는 것이다.

주변에 어떤 분위기의 말이 많은지 살펴보자. 그리고 무의식적으로 무슨 생각이 떠오르는지 알아차리자. 작은 행동, 작은 생각 하나가 무의식적으로 작동한다.

이탈리아의 테너 가수 엔리코 카루소(Enrico Caruso)는 무대에 오르기 직전 갑자기 목구멍에 경련이 일어나 공연할 수 없었다. 그는 관객들이 자신을 비웃을 것이고 공연은 망칠 거라고 생각했다. 부정에 민감한 뇌는 분명 자동적으로 그렇게 생각하게 할 것이다. 그러나 그는 알아차리고 생각을 조절해야겠다는 판단이 섰다. 자기 암시를 시작했다. 그리고 내 공연은 성공적으로 끝날 것이라고 여러 번 소리쳤다. 공연은 어떻게 됐을까? 신기하게도 목구멍 경련이 없어지고 성공적인 무대를 완수했다. 이러한 예는 상당히 많다. 스포츠 경기에서도 최상의 실력을 발휘하기 위해서 마인드 컨트롤하는 것도 행동과 생각에 영향을 받는 무의식을 조율하기 위해서다.

이런 경험 있는가? '안돼'라고 생각했는데, 실제로 잘 안된 경우 말이다. '안될걸' 하고 생각하면 의기소침해지고 행동도 소심하게 나온다. 이미 안될 가능성을 예측하기 때문이다. 내가 하는 말은 내 생각의 거울이다. '안된다'고 믿으면 정말 안된다. '할 수 있을까?'라고 생각하면 물음표만 남는다.

말하기에서도 적용해보자. 걱정이 또 다른 걱정을 낳듯 한 번 부정적이면 부정의 쳇바퀴에서 빠져나오기 어렵다. 이때 희망의 무의식에 살짝 인사를 건네보는 것이다. 힘이 되고 희망이 되는 말들을 계속해보자. 생각보다 단순한 나의 뇌는 이번에도 그것이 진실이라고 믿을 것이다. 중요한 건 생각으로만 희망을 품는 것 이상으로 나의 정서와 행동도 그에 맞춰 긍정적으로 변화한다는 사실이다. '자기 확언 20번씩 말하기', '글로 10번 만날 쓰기', '미래 비전 그림으로 그려서 구체적으로 상상하기' 등등 이런 것들은 내가 생각하고 믿는 것에 대한 확신을 무의식적으로 그렇게 믿을 때까지 훈련하는 방법이다. 못 믿겠다 싶어도 포기하지 말고 계속해보자. 결국은 믿게 되는 날이 올 것이다.

사실 위의 글은 4년 전에 쓴 것이다. 그때는 글이 너무 마음에 안 들었는데 이번에는 그대로 써도 괜찮다 싶었다. 그때와 지금 다른 것은 그때는 '글을 이렇게 써도 돼?'라는 생각이 있었고, 이 글을 수정하는 지금은 '응, 이렇게 써도 돼' 하는 확신이 서 있다. 결국 차이는 '글을 써도 될까?'의 확신이 있고 없고다. '모두에게 도움 된다'가 아니라 '한 명에게라도 도움 되면 된다'는 마음이 확신을 이끌었다. 그 확신을 가지기 위해 희망의 무의식에 인사를 건네며 4년을 보냈더니 글을 보는 내 마음이 달라졌다. 글은 별로 달라진 것이 없는데 말이다.

확신에 찬 긍정적인 생각의 말들은 청중에게도 고스란히 전해진다. 말은 에너지의 흐름이다. 나의 생각이 말을 통해 타인에게 흐른다. 4년간 긍정 확언과 무의식에 건넸던 희망의 인사가 그렇게 확신을 가지게 했다. 작은 행동과 생각의 변화가 있었다.

한번은 외국 강사님의 강의를 들은 적이 있는데, 그분은 연기 수업을 오랫동안 참여하고 계신다고 했다. 사람을 만날 때 상당히 도움된다면서 연기 수업 전에 항상 외치게 하는 말을 소개해주셨다. 바로 'YES!'다. 'YES'를 외치는 순간, 갑자기 힘이 나고 동기부여가 된다는 것이다. 다음 날 아침, 거울을 보고 한번 해봤다. 활짝 웃으며 "YES!"라고 했는데 어색했다. 그래도 혼자 있어서 참을 만했고, 며칠 거울을 보고 남몰래 계속 해봤다. 어느 날 'YES'가 자연스럽게 나왔고, 그때부터 의식적으로 하지는 않는다. 가끔 감정이 부정으로 흐를 때 속으로 외쳐본다.

'YES, YES, YES!'

그러고 나면 기분이 달라진다. 긍정의 전환 스위치 같다. 이렇게 'YES'를 외치는 행동만으로도 나의 말과 행동에 영향력을 미칠 수 있다는 것을 지금은 믿는다.

무의식에서 흘러나오는 희망과 긍정의 언행으로 사람들 또한 사로잡자. 'YES'로!

02

취약함이
드러난 상황:
말은 관계를
다르게 한다

아나운서를 준비하면서 방송국이란 방송국은 다 가봤지 싶다. 서울 아나운서 공채가 없으면 지방에서 근무하다가 서울 공채가 뜰 때를 기다렸다가 시험 보는 경우가 많았는데, 아나운서 시험을 칠 당시 서울에서는 공채가 없었다. 그래서 전국으로 시험을 보러 다녔다. 그런데 신기한 것은 대부분 최종까지 갔는데, 아쉽게도 항상 최종 단계에서 낙방이었다. 아예 1차부터 안되면 기대도 안 하겠는데, 항상 4차에서 미끄러지니 정말 속이 타들어 갈 지경이었다.

한번은 최종면접에서 '이보다 잘 볼 수는 없다' 싶을 정도로 자신 있었는데 또 떨어졌다. 그때 너무 속상해서 사흘간 잠수를 탔다. 그리고 어느 정도 정리가 되었다는 생각이 들었을 때 다시 물 위로 나왔다. 친구들은 시험을 준비하면서 먹은 마음가짐, 노력, 그 과정을 알고 있었기에 한없이 위로의 말로 날 어루더듬어줬다. 헤어질 때, "괜찮아, 다시 하면 되지!" 하고 애써 쿨한 척하는 내게 한 친구가 편지를 건넸다. 그 친구는 편지에 자기 진심을 구구절절 적어놓았다.

'얼마나 네 마음이 아플지 감히 상상이 안 된다. 너의 재능을 알아줄 방송국이 나타날 거고, 누구보다도 네가 빛날 것을 안다. 힘들면 힘들다고 이야기해. 힘들지 않은 척하지 말고 힘들다고 소리 내서 울어라. 내가 옆에 있다. 너 혼자 힘들어하는 건 속상하다.'

글자 하나하나 따라가는 나의 눈에서 눈물이 그렁그렁 맺혔고, 이내 글자는 흐르는 눈물 때문에 뿌옇게 일렁였다. 행간 하나에도 친구의 마음이 느껴져서 많이 울었던 것 같다. 그동안 스스로 괜찮은 거라고, 이것은 이겨내야 할 시련이라며 강압적으로 꾹꾹 눌렀던 속상함과 아쉬움, 억울함 등의 복합적인 마음이 폭발했다. 실컷 울고 나니 마음이 평온해졌다.

이후 힘들면 힘들다고 그 친구에게 말하기 시작했다. 나의 힘듦이 전달될까 봐, 부정적인 마음을 감염시킬까 봐 미안해서 표현하지 못했는데, 힘든 것도 표현하기 시작하니 지금은 더없이 가까운 절친 중의 절친이 되었다.

지금 생각하면 별것 아니었는데, 그 당시에는 무척 마음고생이 심했다. 때론 소리 내어 울고 마음 풀릴 때까지 욕도 하면, 마음이 안정된다. 마구 엉킨 실타래들이 표현으로 정리되면서 풀리고 제자리를 찾아가는 경우도 있다. 표현해야 풀리는 것들이 있다. 지금도 기업 강의를 하면 구성원들이 조직 내에서 감정이든 생각이든 꾹꾹 눌러 담고 참는 경우를 많이 본다. 어차피 말해도 안된다는 생각이 강하다. 모월 모일, 쿨하게 조직에서 퇴장하는 날을 상상하면서 말이다. 그저 아닌 척, 괜찮은 척, 수용하는 척하는 그런 표현들이 아니라, 진짜 나의 마음을 인정해주는 표현들을 해보자. 비난하고 비판하고 충고하면서 자신을 방어하라는 말이 아니다. 다만 말하기에는 그런 힘이 있다. 진실된 마음을 꺼내놓으면 풀리는 힐링의 힘, 불편했던 일을 이야기함으로써 더 편안하게 만들고 오해를 풀리게 하는 힘 말이다.

《성숙한 어른이 갖춰야 할 좋은 심리 습관》의 저자 류쉬안에 따르면 우정의 가장 기본적인 요소는 표출을 통한 관계 맺음인 '상호 간의 자기 표출'이라고 한다. 본인의 상태에 대한 진솔한 교류가 이뤄질 때 사람은 외롭지 않다고 한다. 자신에 대한 정보를 전달하려는 시도가 만족감을 주기도 한다는 것이다. 강요가 아닌 자기 표출이 될 때 효과가 있다. 물론 어떤 말을 어떤 뉘앙스로 하느냐에 따라 다른 관계가 맺어지겠지만, 표현되어야 한다는 것이다.

조직도 인간관계로 엮여 있다. 말은 사람과의 관계를 다르게 한다. 성과를 목적으로 모인 집단이지만, 성과를 내기 위해 협업하고 우호적인 관계를 맺어야 한다. 리더십도 발휘해야 한다. 관계 없이는 어떤 성과도 이뤄낼 수 없다.

구글은 '아리스토텔레스 프로젝트'를 통해 효과적인 팀을 만드는 다섯 가지 비결을 공개했다. 이 프로젝트는 2년이 넘는 시간 동안 200명 이상의 직원들을 인터뷰해서 180개 이상의 팀을 분석한 것인데, 여러 공통점 중 가장 기본이 되는 것은 '심리적 안정감'이었다. 팀원들이 위험을 감수하고 다른 팀원들 앞에서 자신의 취약함을 드러내는 것에 대해 안전함을 느끼는 것이다. '내가 이 이야기를 해도 안전하겠지', '나의 의견을 존중해주겠지' 하는 이런 믿음이 있어야 더욱 효과적인 팀을 만들 수 있다. 상호 간의 자기표현이 되어야 서로의 생각과 감정에 공통 부분이 생긴다. 조율할 수도 있다.

물론 상황과 맥락에 따라 전혀 다른 사람이고 안 맞는 사람일 수도 있다. 하지만 그것도 표현해야 알 수 있고, 어쩌다 생긴 오해도 풀수 있다. 불편함이나 걱정이 줄어들거나 해소되면서 관계가 더 깊어질 수 있다. 건강하게 표현하는 것은 관계를 더 밀착시킬 수 있다. 취약한 점을 발견해서 꼭 말해야 한다는 것은 아니지만, 취약한 상황에서 오히려 나를 진심으로 표현할 때, 그때 더 진한 관계가 형성될 수 있다는 말이다. 아무에게도 들키지 말아야 한다는 마음으로 꽁꽁 싸매지 말자. 적어도 솔직하게 자신을 표현할 수 있는 단 한 명은 곁에두고 표현하면서 평안을 도모하자. 표현할 수 있는 상대가 있다는 것은 축복이다. 좀 더 깊고 편안한 관계를 추구하며 자신을 위해 가끔은 솔직하게 표현하자.

03

인정받기 위한 상황:
능력을 인정받을 수
있는 '고맙습니다'

대체로 우리는 어떠한 형태든 칭찬받는 일을 어색해한다. 칭찬받을라치면 으레 한결같이 아니라고 한다(지금 세대는 조금 다른 것 같기도 하다).

예술학교에 있을 때, 다른 과에서 사회 요청을 많이 받았다. 몇 번 사회를 보니 이제 각 과의 특성도 잘 알겠고 외래 교수진도 잘 알게 되었다. 그러다 보니 중요한 행사가 있으면 그 학과 분위기에 맞게 사회를 볼 수 있었다. 행사가 끝나자 해당 과 교수님들이 연신 고맙다고 말씀하셨는데, 이에 대한 나의 반응은 늘 그렇듯 "아니에요"였다.

그러던 어느 날 우리 과 A 교수님이 사회를 보게 되었다. 나도 행사에 참석해야 해서 그 자리에 있었는데, 행사 뒤 주최 교수님이 애써주셔서 고맙다는 인사에 반응한 A 교수님 모습에 나는 순간 얼음이 되었다.

"그렇죠? 제가 행사를 진행해서 행사가 더 좋았죠?"

저렇게도 처신할 수 있다니, 신선한 충격이 아닐 수 없었다. 사실, 있어 보였다. 잘난 척하는 느낌이 아니라, 스스로 애썼고 잘했다는 걸 인정하는 태도가 좋아 보였다.

이후 나도 그 교수님처럼 반응해보려 애썼다. 하지만 아무래도 어색했다. 잘난 척하는 것 같아서 당최 나하고는 안 맞았다. 천상 잘 맞는 게 '아니에요'였다. 그래서 궁리 끝에 '아니에요' 대신 '고맙습니다'를 첫마디에 들였다.

"교수님, 행사 사회 잘 봐주셔서 피드백 잘 받았어요. 다 교수님 덕분이에요."

"네('아니에요'를 꾹 참고), 좋은 피드백을 받았다니 저도 고맙습니다."

그러고 나니 행사를 잘 진행한 나를 인정해줄 여유가 생겼고, 뿌듯한 만족감이 더 오래 긍정적으로 남게 되었다. 또한 고마움을 표현하는 상대의 진심을 더 온전히 받아들일 수 있었다.

리더십센터 카네기연구소에서는 칭찬의 기술을 배운다. 대개 사람들이 서로에 대해 칭찬하면 몸을 배배 꼬면서 시선을 잘 마주치지 못한다. 그만큼 너무나 어색해한다. 대부분의 반응은 '정말요?', '아닙니다. 이러지 마세요'를 동반한 손사래다. 시선도 먼 산 찾듯 허공중에 맴돈다. 얼굴에는 홍조가 한바탕 물든다.

실상 우리는 칭찬을 듣는 것도, 칭찬하는 것에도 생각보다 익숙하지 않은 것 같다. 어쩌면 우리는 아파도 안 아픈 척, 잘해도 못하는 척, 맞아도 틀린 척, 불편해도 괜찮은 척, 좋아도 안 좋은 척하는 것에 익숙해진 듯싶다. 진심을 표현해도 될 일을 상대에 대한 지나친 배려로 감추는 건 아닌지, 무엇보다 표현하는 게 어색해서 피하고 있는 건 아닌지 한번 생각해볼 일이다.

스피치 스터디 모임을 할 때, 첫날 OT에서 그동안 이전 기수들이 어떤 성과가 있었는지 그들의 피드백을 PPT에 담아서 보여준다. 처음에는 자랑하는 것 같아서 다소 부끄러웠는데, 이제는 익숙하다. 이를 통해 스터디 멤버들이 더 잘하고자 하는 의지를 불태우는 것 같다. '성실히 하면 나도 저렇게 될 수 있겠다'라는 동기부여 도구가 된다. 자랑이 목표가 아니라, 나를 표현하고 알리는 관점에서 접근해야 한다. 표현해야 나를 알아주는 세상이니까.

지난여름 오랜 고객인 회사에서 연락이 왔다. 스피치 프로그램을 계획 중인데, 방송인 출신 강사 세 분과 TF팀을 구성해서 프로그램을 만들어줄 수 있냐는 것이었다. 그간 TF팀 경험은 있었지만, 직접 팀을 꾸린 적은 없었다. '저는 구성원으로만 참여할게요'가 입 밖으로 나오려는 걸 꾹 참고 말했다.

"네, 제안 고맙습니다. TF팀에 많이 들어가 봤으니, 제가 스피치 프로그램 만들어볼게요."

그동안 마인드세트(mindset)를 했기에 가능한 대답이었다. 예전의 나라면 그렇게 말하지 못했을 것이다. 그 일은 물론 꽤 높은 평가를 받으며 좋은 피드백으로 마무리했다. 팀의 리더 역할도 해본 유익한 경험이었다. 상대가 무언가의 제안을 한다는 건 그 역량이 된다고 판단하니까 주는 것이다. 그러니 '고맙습니다'를 입에 달고 살자.

한 달간 함께한 감사 프로젝트 모임을 계기로 매일 감사한 일들을 블로그에 쓰면서 감사의 공명을 느낀다. 안 좋은 일이 있으면 소가 되새김질하듯 비이성적 생각을 반복하면서 곱씹어 악순환적 사고가 형성된다. 그런데 감사 프로젝트를 하면서 감사 또한 삶에 되새김질이 가능하고 긍정의 공명이 선순환됨을 느낀다.

감사의 마음은 긍정을 불러일으킨다. 또한 자신의 능력을 인정하고 표현하는 것은 기회를 잡을 수 있고 인정받을 수 있게 한다. 스스로 먼저 인정하면 표현도 더 쉬워진다. 나를 인정해주는 칭찬에는 '고맙습니다'를 표현할 줄 알자. 내가 한 일에 대해 기회가 생기면 자부심을 가지고 알리자. '고맙습니다'로 긍정의 공명을 일으키고 한껏 주목받자.

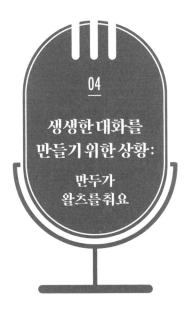

04
생생한 대화를 만들기 위한 상황: 만두가 왈츠를 춰요

방송인들과 함께 식사하는 일이 종종 있다. 같이 차를 마시거나 밥을 먹으러 가서 나누는 대화는 너무 맛있다. 어쩜 저렇게 자신 있고 논리적이며 재미있게 말하는지 감탄하기 일쑤다.

어느 날 삼삼오오 모여서 만두전골을 먹으러 갔다. 그때 한 현직 쇼호스트가 만두 한 알을 입안 가득 쏙 집어넣더니, 맛있는 표정으로 말했다.

"와! 끝내준다. 만두가 입안에서 왈츠를 춥니다. 어서 드셔보세요!"

나 역시 뜨거운 만두에 구멍을 내고 호호 불어서 입안에 가득 넣었더니, 정말 만두 속 여러 재료가 한바탕 왈츠를 추는 것 같았다. 기분이 한순간 좋아졌다. 만두 하나를 먹어도 쉽게 그 맛을 설명하는 표현법이 얼마나 말을 맛있게 만드는지 경험할 수 있었다. 확실히 말 잘하는 사람들은 비유법을 잘 사용한다.

비유법은 말하고자 하는 바를 다른 대상에 빗대어 표현하는 기법이다. 다른 사물이나 현상의 성격, 형태 등을 연결해서 쉽고 명확하게 나타낼 수 있다. '내 마음은 호수요', '침묵은 금이다', '얼음장같이 차가워', '옥구슬 굴러가는 듯한 목소리' 등의 표현에서 보듯 비유법으로 엮은 말은 훨씬 더 해상도 있게 느껴진다. 색다르게 조합한 신선한 표현이기에 그 기억 또한 오래간다. 결국 기억에 남도록 말할 수 있는 가장 좋은 방법은 기존에 형성된 이미지가 있는 개념의 힘을 빌리는 것이다.

말하기 수업을 할 때, 자신을 잘 표현하고 기억하게 할 수 있도록 비유법으로 자기소개하는 시간을 갖는다. 그때마다 재미있는 표현들이 반짝인다.

"저는 스펀지에요. 스펀지처럼 교육 내용들을 쫙쫙 빨아들여서 일상생활에 접목하거든요."

"저는 등대입니다. 지금 저희 업계는 참 어둡고 힘든 시기에 있거든요. 그래서 저는 미래를 내다보고 빛이 있는 곳으로 팀원을 이끄는 등대 같은 역할에 힘쓰고 있습니다."

"저는 마중물입니다. 제 주변 사람들의 동기와 의지를 끌어올리는

데 꼭 필요한 한 바가지의 물, 마중물 같은 존재입니다."

"저는 대나무예요. 대나무가 부러지지 않고 더 높이 성장할 수 있는 건 마디가 지지해주기 때문인데요. 저는 저를 되돌아보고 스스로 피드백하면서 마디를 만들고 있습니다. 앞으로도 계속 성찰하면서 타인과 함께 쭉쭉 자라겠습니다."

"저는 철로 된 옷걸이에요. 옷의 형태에 맞게 옷걸이를 이렇게 구부릴 수도 있고, 펼 수도 있습니다. 프로그램의 형태에 맞출 수 있는 맞춤 옷걸이 MC가 되겠습니다."

평소에 말할 때도 말의 해상도를 높이는 비유법을 사용해보자. 비유법은 상대의 주의를 기울이게 하는 탁월한 수단으로, 자기 어필을 하는 데 딱이다. 나라는 사람을 좀 더 확실하게 빗댈 사물이나 현상을 찾아보자. 그것을 비유법으로 나와 버무려 맛깔나게 소개하자. 그러면 상대방은 아주 인상적인 임펙트를 맛보게 될 것이다. 물론 과유불급이라고, 너무 오버는 하지 말자.

05

거절의 상황:
불편하더라도
단호하게 말해요

거듭 말하지만 나는 원래 내향적이다. 대학생 때까지 완전 극내향
적으로 살았다. 부끄러워서 의견 하나 제대로 못 낼 정도인 내게 가장
큰 도전은 사람들의 부탁을 거절하는 일이었다. 내 안에 좋은 사람 콤
플렉스와 거절하는 방법의 무지 때문에 나는 상대의 요청에 대체로
끌려다녔다. 그러던 내게 상상도 하지 못할 충격적 사건이 벌어졌다.

고등학교 친구와 대학을 함께 다니게 되었는데, 처음에는 그저 재
미있었다. 친하기도 했고 적극적 순응자인 나는 친구의 진취적이고
사람 챙기는 리더형 기질에 꽤 끌렸다. 그러던 어느 날, 그 친구에게

한바탕 쏟아부었다. 자존심을 할퀴며 나의 역린을 건드렸기 때문이다. 너무 화가 나서 버럭 소리를 질렀다. 평소에 본 적 없던 갑작스런 내 행동에 친구는 놀란 토끼 눈을 한 채 말문을 닫았다.

그 이후로 나를 대하는 친구의 태도가 달라졌다. 행동하는 데 조금 더 신경 쓰고 있음을 느꼈다. 마냥 편안하게만 대하지 않았다. 무슨 일을 하기 전에 의견을 묻고 기분 살피는 일도 잦아졌다. 그것이 오히려 서로 존중하는 분위기로 굳어지면서 더 사이가 좋아졌다. 적당한 예의를 지키는 절친이 된 것이다. 그때, 기분과 의견을 솔직히 드러내면 오히려 더 건강한 관계가 형성될 수 있음을 깨달았다.

사실 소리를 지른다는 것은 성숙하지 못한 행동이다. 당연히 감정, 뜻을 전달하는 데 성숙한 태도가 필요하다. 단호하게 말해야 할 때, 두 가지를 기억했으면 한다.

첫째, 상황에 따라 가만히 있는 것이 아니라, 나의 의견을 반드시 표현해야 한다. 의견 표현으로 더 좋은 관계를 도모할 수 있다. 가만히 있다가는 상황이 더 불편하게 흘러갈 수 있다.

둘째, 허물없이 이야기하는 게 능사는 아니다. 적당한 거리를 유지하고 말을 가려 할 줄 알아야 한다.

이 두 가지를 명심하면 훨씬 더 나를 잘 지키면서 가볍게 살 수 있지 않을까 싶다. 괜한 분란을 만들기 싫어서 말도 못 한 채 가슴속에 꾹꾹 눌러 담는 바보 같은 우는 이제 그만 범하자. 괜찮은 척해봐야 나만 힘들다. 필요할 때 나를 적극적으로 표현하여 나를 지켜야 한다.

특히 극내향의 사람들은 더 그렇다. 용기를 품고 활력을 가지고 나의 감정부터 케어하자. 더는 남의 시선이나 감정에 끌려다녀선 안 된다.

얼마 전, 오랜만에 방송하던 시절에 친하게 지내던 언니와 만나기로 했는데 해야 할 프로젝트가 아직 끝나지 않아서 약속을 옮겨야 했다. 예전 같으면 무리해서라도 만났을 거다. 프로젝트 마무리는 대충 했을 거다. 만나서 겉으로 웃으며 속으로 생각했을 거다.

'내가 여기 있을 때가 아닌데…….'

일보다는 사람이 중요하다. 그럼에도 그런 마음으로 만나면 일도 사람도 충실히 대하지 못한다.

프리랜서이다 보니 강의가 규칙적이지 않다. 강의가 몰려올 때는 정말 정신이 없다. 그야말로 성수기다. 문제는 준비를 많이 해야 하는 강의가 줄줄이 이어져 있을 때다. 같은 내용의 강의가 아니라 조금씩 다르거나 완전히 다른 강의를 준비해야 할 때는 시간이 많이 필요하다. 쉴 때도 되었는데 강의가 끊이질 않는다. 그러다가 사달이 난다. 몸살이 나버리는 것이다. 그 와중에 또 강의 요청 전화가 오면 난감하다.

"강사님, 갑자기 이 주 뒤에 워크숍이 있어서요. 강의 가능하실까요?"

웬만하면 그냥 강의한다. 나를 생각해서 연락해준 것도 고맙고, 거절하기 참 뭐하기 때문이다. 하지만 어쩔 수 없다. 그동안의 훈련으로 쌓은 거절의 화술을 부드럽게 발휘한다.

"연락 주셔서 감사합니다. 제가 지금 계획된 강의들을 준비하는

데도 상당한 시간이 필요합니다. 요청하신 강의도 잘하고 싶은데, 제가 준비를 충분히 하지 못할 것 같아요. 정말 감사합니다만, 스케줄상 할 수 없을 것 같습니다. 아쉽고요. 제가 몇 분 추천해드려도 될까요?"

거절은 예의 있게, 대안을 함께 제시하면 좋다. 거절도 연습이 필요하다. 나를 우선순위에 두고 연습을 통해 나만의 방법을 터득하자.

이제는 일과 사람의 균형을 잡으려고 노력한다. 그래서 가끔은 단호하게, 가끔은 까칠하게 나를 위한 말하기를 한다. 내가 중심을 잡아야 타인도 진정 잘 배려할 수 있다. 상대의 기분만 살피고 나 자신을 소홀히 한다면 마음에 병이 나고 말 것이다.

남 챙기기에 앞서 나부터 챙기는 말하기를 하자. 우리에게 주어진 한정된 시간과 에너지를 균형 있게 사용하기 위해 가끔 단호하게 말하자. 단호한 말하기는 나를 챙기고 보살필 주체적 도구다. 단호하게 말하면 큰일 날 것 같지만, 생각보다 아무 일도 안 일어난다.

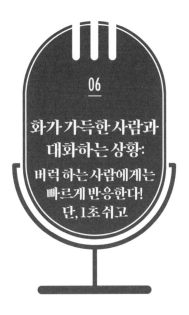

화가 가득한 사람과
대화하는 상황:
버럭 하는 사람에게는
빠르게 반응한다!
단, 1초 쉬고

시청률을 극복하며 방송계에서 살아남으려면 강력한 멘탈이 필수다. 내향적인 내게 방송계는 아무래도 불편한 세상이었다.

'이 불편한 곳에서 나를 안전한 곳으로 데리고 가자.'

그 피신처가 프랜차이즈 사업장이었다. 물론 그 생각은 완전 오산이었음을 머지않아 깨달았다. 가게를 하면서 정말 많은 것을 느끼고 세상 사는 일 자체가 녹록지 않음을 통감했다.

어느 날, 평소처럼 매장에서 일하고 있었다. 한창 분주한데, 남자 손님의 험악한 목소리가 들려왔다.

"매니저 나오라 그래!"

놀라서 얼른 나갔는데, 화가 단단히 난 손님 하나가 빵이 너무 식어서 도저히 먹을 수가 없다고 불만을 쏟아냈다. 머릿속에서 여러 생각이 오갔다.

'너무 화나셨네. 어떻게 해야 하지? 새로 해야 하나? 빵을 다시 데워 드려야 하나?'

한 번도 경험하지 못했으니, 어떻게 해결해야 할지 우왕좌왕했다. 그렇게 주저하는 모습이 너무나 맘에 안 들었나 보다. 다른 손님들 다 들으라는 듯 더 큰 소리로 소란을 피웠다. 급기야 무릎을 꿇으라고 했다. 요즘 프랜차이즈 레스토랑 안 가봤냐며, 고객과 눈을 맞추기 위해 한쪽 무릎을 꿇고 대화해야 하는 거 모르냐며 질책했다. 내가 할 수 있는 것은 그냥 '죄송합니다'만 반복하는 거였다. 얼른 상황을 모면하고만 싶었다. 새 빵 교환으로 소동이 일단락된 뒤 나는 주방으로 들어가 자괴감에 치를 떨며 폭풍 오열했다. 그 일은 한동안 트라우마가 되어 진심으로 미소하며 손님을 맞이하는 데까지 오랜 시간이 걸렸다.

눈물 젖은 빵 사건 이후로, 지금은 어떤 일이 닥쳐도 빠르게 대처할 유도리가 생겼다. 이제는 어떻게 이야기를 하면 좀 더 빨리 문제를 해결할 수 있는지 안다. 결국 사람은 자신의 불편함을 알아주고 해결해주려는 마음과 자세를 보여주는 것을 원한다.

인간관계에서 불편할 때가 있다. 특히 내향적인 사람들은 사람들이 호통을 치거나 화를 내면 주눅만 든 채 어쩔 줄을 몰라 한다. 그럴

225

때 정신을 차리고 어떻게 말하느냐가 중요하다. 고객과의 이해관계에서는 더 그렇다. 고객이 화를 낸다고 무조건 사과하는 게 능사는 아니다. 왜냐하면 진짜 미안한 마음이 없는 사과는 상대방도 귀신같이 느끼기 때문이다. 말뿐인 사과는 더 큰 분노를 불러온다. 당연히 원하는 바를 신속히 해결하려는 모습을 보이는 게 최선이다. 다만 매뉴얼 읽듯 기계적으로 대처해서는 안 된다. 어떤 사람이든 자신의 이야기를 잘 듣고 정성껏 그것에 공감해주는 걸 선호한다. 빠르게 반응해야 하지만, 1초의 여유는 두고 반응해야 한다.

살면서 '말본새하고는!', '인성 참!', '미쳤네!' 등이 절로 튀어나오게 하는 사람들과 심심찮게 부딪힌다. 그들의 행동이 내 관점에서 도대체 이해가 안 가는데, 실은 말하기가 서투른 사람들이라서 그럴지도 모른다. 그런데 또 어떻게 보면 그들의 악다구니에는 그럴 만한 나름의 이유가 있을지도 모른다. 배우자와 다퉜을 수도 있고, 조직에 치여 자존감이 바닥일 수도 있다. 돈 문제로 감정이 격해졌을 수도 있다. 혹은 오해, 이해 부족으로 적대적인 상태일 수도 있다. 사람 자체가 아예 나와 결이 달라서일 수도 있다. 여하튼 받아내는 입장에선 어이없고 당황스럽고 분통 터지는 건 어쩔 수 없다.

한 CS 교육장에서 공감 훈련을 할 때였다. 수강생들은 동의와 동감, 공감의 차이를 잘 구분하지 못했다. 요컨대 동의는 의견이 같은 것이고, 동감은 감정이 같은 것이다. 공감은 나와 의견과 감정이 다를지라도 그냥 인정해주는 것을 말한다. 의견이 다른데 무조건 맞춰주고 감정을 똑같이 느끼라는 게 아니다. 그저 '그런 마음이구나' 하고 알아주면 된다.

CS 종사자들은 스트레스받았을 때, 자신을 일으켜주는 말로 두 가지를 꼽는다. 첫 번째는 '이 또한 지나가리라'이다. 어쨌든 흘러간다고 생각하면 훨씬 마음이 편해진다는 것이다. 두 번째는 '그럴 수도 있겠네'이다. 그 말로써 역지사지가 된다는 것이다. 확실히 '그럴 수도 있겠네'는 강력한 공감의 말이다. 그러니 이 말을 잘 담아두자. 상대가 어떤 행동을 해도 '그럴 수도 있겠네' 하면 마음이 다소 풀린다. 강조하지만, 동의하고 동감하라는 게 아니다. 그저 '그럴 수도 있겠네' 하며 이해해보자는 것이다.

사람들을 막 대하는 이들에게 좋은 관계를 기대할 수 없다. 그러니 나에게 부정적인 영향을 준다면 당연히 멀리 해야 한다. 하지만 꼭 관계를 맺어야 하는 인물이라면, '그럴 수도 있겠네'로 받아내보자. 그리고 빠르게 반응해주자. 단, 너무 빨리하면 기계적으로 보일 수 있으니 1초 쉬고 반응하자. 조금은 상대에게 연민이 생기고 상대를 이해하게 될 것이다.

한번 해보자. "그럴 수도 있겠네" 하고 반응하기. 단, 1초 쉬고!

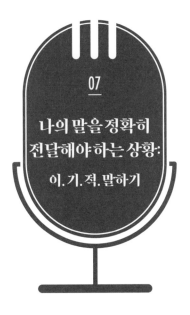

07

나의 말을 정확히
전달해야 하는 상황:

이.기.적. 말하기

제일 좋은 말하기는 상대에게 영향을 미치는 말하기라고 생각한다. 내 말을 듣고 행동, 생각, 감정의 긍정적인 변화가 일어난다면 정말 의미 있을 것이다. 그래서 '이. 기. 적 말하기'를 해야 한다.

첫째, '이해하기 쉬운 말하기'다.

이는 전하고자 하는 것의 내용을 줄이고 줄여서 핵심만으로 쉽게 말하는 것이다. 전하려는 말이 많으면 이해하기 쉬운 말하기는 물 건너간다. 말은 쉽고 단순하게 해야 한다. 말을 줄이고 줄여서 딱 필요한 말만 남겨보자. 또한 어려운 말을 사용하지 말고 되도록 쉬운 말로 해보자.

얼마 전 PT 코칭이 있었는데, PPT 발표 코칭이었다. 그런데 말에 영어가 정말 많았다. 'Smart하게(깔끔하게), Efficient Management(효율적 경영)를 해야 한다' 하는 식의 표현이 40% 정도였다. 발표자는 외국계 회사에서 있다 보니 영어가 익숙하단다. 대체 불가능한 직관적 원어가 아닌 이상, 굳이 외국어로 꼬아놓을 필요는 없다. 단번에 알아들을 수 있도록 이해하기 쉬운 말하기를 깔끔하게 체화하자.

둘째, '기억하기 쉬운 말하기'다.

초등학교 때, 암기 학원에 다녔다. 앞 자만 따서 외우기, 이미지화 해서 외우기 등 여러 기법을 배웠는데, 지금도 꽤 유용하게 사용한다. 강의에서 영어 앞 자만 따 공식을 만든다. 사실, 말하기 5단계도 SPEAK 앞 자를 따 만들었다. 나도 기억하기가 쉽다. 그러니 풀어내기도 쉽다. 내가 할 내용을 미리 머릿속으로 이미지를 만들어서 연결해놓는다. PPT가 안 되어도 머릿속에 다음 내용이 떠오를 수 있게 말이다.

최근 1시간 30분짜리 특강을 하는데, 빔프로젝터 고장으로 PPT 사용을 못 하게 된 일이 있다. 사실 이런 상황은 멘붕 그 자체라고 할 수 있다. 물론 나는 PPT 없이도 원활히 강의를 진행했다. 강의 전에 이미 이미지로 말해야 할 것들을 연결해놓았기 때문이다. 이처럼 스스로 기억하기 쉽게 구성하면, PPT 없이도 전달이 가능하다. 이것이 기억하기 쉬운 말하기를 추구해야 할 이유다.

또 다른 측면으로, 비유법을 적절히 사용하는 것도 기억하기 쉬운 말하기에 도움 된다. 일례로, 자동차 에어컨 필터 교환을 고민할 때 정비사님이 필터를 갈아야 한다면서 이는 코가 막힌 것과 같다고, 숨 쉬는 데 힘이 많이 드는 것처럼 연비가 많이 든다고 했다. 당장 갈았다.

셋째, '적용하기 쉬운 말하기'다.

아무리 좋은 이야기, 좋은 팁도 적용이 뒤따르지 않으면 의미 없다. 특히 요즘처럼 선택이 어려울 만큼 정보가 넘쳐나는 빅데이터 시대에는 더 그렇다. 전한 것을 다른 사람이 선택하고 적용하게 해야 진정한 말하기다. 말한 바가 적용되어야 그때부터 영향력이 발휘된다. 예를 들어 아이를 감정적으로 대하지 말 것에 관한 이야기를 할 때, 아이에게 화날 때 숨 쉬는 방법 등도 함께 제시하여 실질적으로 활용할 수 있게 해야 한다. 이것이 적용하기 쉬운 말하기이다.

어느 때보다 '이. 기. 적 말하기'가 절실한 때이다. '이. 기. 적 말하기'로 나의 말에 영향력을 심자. 당신의 말하기는 지금 어떤가? 이해하기 쉽고, 기억하기 쉽고, 적용하기 쉬운가?

08

떨리는 상황:
성대를 잡아요

사람들 앞에 서야 할 상황에서 누구나 이런 경험을 해봤을 것이다. 부자연스런 몸뚱이는 쪼그라들고, 팔다리는 의지할 곳 없이 버둥대고, 목소리는 덜덜 염소 소리를 내고, 입은 중언부언 웅얼거린다. 시작부터 삑사리, 새빨개진 얼굴에 동공은 사람들의 시선을 피해 가다가 초점을 잃는다.

이는 지극히 당연한 현상이다. 특히 예상치 못한 새로운 환경에서 그렇다. 또 잘 보이고 싶은 마음이 있을 때, 인정받고 싶을 때 그렇다. 새로운 환경, 잘해야만 하는 부담감이 있는 환경에서도 떨지 않고 말 잘할 수 있다면 얼마나 좋을까?

말 잘한다는 것은 평소 내가 가지고 있는 강점을 발휘한다는 뜻이다. 내 상태를 정확히 진단하고 어떻게 하면 진정시킬지 방법을 알고 있어야 한다. 마음의 안정을 찾고 준비한 대로 말하는 방법은 사람마다 다르다. 다음 세 가지 중 하나만 바꿔도 떨림을 극복할 수 있다.

첫째, 생각을 바꾼다.

피겨 여제 김연아는 빙판에 설 때마다 '잘할 수 있게 해주세요'가 아닌 '이 무대에 설 수 있게 해주셔서 감사합니다'라고 기도했다. 그녀는 이런 마음가짐으로 긴장과 스트레스를 제어했다. 이 마인드는 말하기에도 적용된다. 말하기에 앞서 '잘 말해야 할 텐데' 대신 '말할 기회를 얻게 되어서 감사하다'고 생각하자.

둘째, 떨리는 마음을 인정한다.

처음에는 떨렸지만 말하면서 점차 평정을 되찾은 경험이 있을 것이다. '아, 지금 떨리는구나. 떨리는 게 당연해'라고 쿨하게 인정하자. 다만, '심하게 떨린다. 어쩌지? 점점 떨린다' 하며 떨리는 감정에 매몰되면 안 된다. 감정에 압도당하지는 말고, 그 감정을 객관적으로 들여다봐야 한다. 이를 위해 감정에 이름을 붙이고 이성의 뇌를 작동시키자.

셋째, 호흡으로 이완 상태를 만든다.

말하는 것이 스트레스 상황이 되면 심장 박동과 호흡이 빨라진다. 근육은 긴장되고 감각은 예민해진다. 이럴 때 부교감신경을 활성화하여 몸을 이완하는 것이다. 한숨을 내쉬는 것은 기분을 전환하기 위한 무의식적 행동이라고 한다. 큰 숨을 한 번 쉬어보는 것도 좋다. 안정된 호흡을 찾으면 몸이 편안한 상태라고 느낀다. 김주환 교수는 생각을 다스리는 것보다 몸의 반응을 다스리는 것이 스트레스를 가장 빠르게 해소하는 방법이라고 했다. 호흡으로 몸의 상태를 안정적으로 만들자.

사실, 사람들 앞에서 말해야 할 때 이 모든 것을 신경 쓰기란 쉽지 않다. 내 경우, 위 세 가지 방법은 모두 소용없었다. 물론 지금은 상황에 따라 다 활용한다. 특별히 내가 찾아낸 나만의 방법은 '첫소리를 낼 때 무조건 성대를 잡는다'이다.

목 가운데 톡 튀어나온 부분 안쪽에 위치한 성대는 얇은 근육으로 이루어진 기관이다. 이곳이 진동하면서 목소리가 나온다. 날숨(나오는 숨)이 성대를 지나가면서 성대 양쪽을 진동시켜 소리를 내게 하는 것이다. 올바르게 접촉하지 못하면 소리가 떨리거나 음이 안정적으로 나오지 않는다. 심하게 떨리면 음이 흔들리고 소리도 여러 음으로 나온다. 호흡도 일정하지 않아서 소리의 강약도 제멋대로다.

떨릴 때 톤을 잘 잡아서 안정적으로 내뱉는 것을 목표로 해야 한다. 나는 이를 '성대를 잡는다'고 표현한다. 성대를 잡으려면 호흡을 가라앉혀야 한다. 그러면 호흡도 다스려진다. 잘 모르겠으면 낮은음으로 하나하나 천천히 말한다.

자, 이제 무대 앞으로 나갈 차례다. 낮은음을 유지하면서 성대가 잘 열리고 닫히는 것에만 신경 쓰자. 나처럼 말이다.

STEP 4

TRAINING

: 자신을 비유법으로 소개하기

자신을 비유적으로 표현하는 것은 자신만의 고유색을 찾는 데도 도움 된다. 먼저 자신을 소개할 특징을 생각한다. 강점, 장점을 세 가지 정도 생각해보자. 생각이 안 나면 아래 예시에서 선택해보자.

예시

친절함, 생생함, 친근함, 고상함, 예의 바름, 반듯함, 깔끔함, 따뜻함, 전문성, 재치 있음, 품격 있음, 사회성(연결성), 철저함, 꼼꼼함, 통찰력, 꾸준함, 협력, 책임감 등

나의 특성 적용

위 특징들과 연결할 사물 등을 생각해보자.

이제 나의 특징을 잘 살릴 수 있는 사물 등을 비유법으로 엮어서 정리
해보자.

📁 예시

- 저는 열쇠입니다. 제 이름이 김은영인데요, 영어로 K.E.Y입니다. 그동안
  사회복지를 전공하면서 사람들의 마음을 열고 함께하는 세상을 만들어가
  는 데 힘을 보태왔습니다. 사람들의 마음을 열고 사회의 마음을 여는 열
  쇠가 되겠습니다.

- 저는 망원경처럼 멀리 볼 수 있는 전략가입니다. 망원경은 멀리 있는 것
  을 자세히 볼 수 있습니다. 무슨 일을 할 때, 망원경의 관점에서 멀리 보
  고, 끝을 보고 일을 시작합니다. 그러니 목표 지점까지 흔들림 없이 갈 수
  있습니다.

: 세 번의 예스 세트 활용하기

상담가 밀턴 에릭슨(Milton H. Erickson)은 저항 강한 내담자에게 '예스 세트(Yes Set)'를 훈련시켰다고 한다. 소소한 것부터 YES를 대답하게 하여, 무의식이 긍정적인 수용적 태도를 가지게 해서 결국 본인이 원 하는 YES를 얻는 방법이다. 일명 '문간에 발 들여놓기(food-in-the-door technique)'와 비슷하다. 상대방에게 큰 부탁을 하고자 할 때, 먼 저 작은 부탁으로 시작해서 그 부탁을 들어주게 하는 것이다. 작은 YES가 모여서 결국 자신이 원하는 제안을 할 때 허락받게 하는 대화 기법이다. 긍정 마인드세트를 가지게 하는 예스 세트를 훈련해본다. 세 번 이상 YES를 끌어내보자. 상대로 하여금 긍정의 정서를 장착하 게 할 수 있다.

1 나에게 YES 기법 활용하기

긍정적인 면을 보려고 해보자. 무슨 일을 할 때, 하기 전에 YES를 외 쳐보는 것이다.

'YES 하면 어떤 좋은 일이 일어날까?' 생각하면서 YES를 외쳐보자.

작은 생각, 작은 행동부터 확장하면서 YES를 세 번 외쳐보자.

📁 예시

매일 산책하기를 계획하고 있다. 잘 안된다. 쉬고 싶고 다른 걸 하고 싶다.

산책의 즐거움을 알지만, 그래도 마음먹고 나가는 게 쉽지 않다.

* 일어날까? YES!
* 운동화 신어볼까? YES!
* 문 열어볼까? YES!
* 일어나서 동네 한바퀴 산책하고 올까? YES!

2 대화 중 YES 기법 활용하기

📁 예시

* 말 잘하고 싶어서 이 책을 보고 계시죠? YES!
* 말 잘하면 내 삶이 조금은 긍정적이겠죠? YES!
* 말할 때 사람들이 관심 있게 경청하면 좋겠죠? YES!
* YES 기법 활용해보실 거죠? YES!

TRAINING 03

: 상대에게 고마운 마음 솔직하게 표현하기

감사가 주는 긍정적인 영향력에 대한 연구는 많다. 기업 문화의 아버지라고 불리는 래리 센(Larry Senn)은 《The Mood Elevator》에서 기업의 생산성을 높이기 위해서는 감정관리가 중요하다고 했다. 그중 가장 최상위에 있는 긍정 무드(Positive mood)를 '감사'라고 했는데, 감사는 긍정적 정서를 일으키기 때문이다. 감사를 이야기해보자. 주변 분위기가 더 좋아진다. 상대에게 고마움을 표현하기에 앞서서, 매일 감사한 점 다섯 가지씩 적어보자. 그러다 보면 세상 만사 모든 것에 감사하는 긍정 정서가 충만해질 것이다.

하루 5가지 감사 예시

- 잠시 여유를 가지고 마시는 커피와 낭만적인 음악에 감사해.
- 오늘도 하루를 시작할 수 있어서 감사해.
- 예쁜 하늘을 볼 수 있어서 감사해.
- 일이 있어서 감사해.

• 책 읽어주는 독자님, 감사해요.

감사를 생활화한 이들은 당연한 것에도 감사의 마음을 가진다. 일상의 모든 것에 감사하다 보니, 삶을 긍정적으로 바라볼 수밖에 없다. 나에게 오는 모든 사건에 의미가 붙는다. 한번 시도해보자. 삶이 풍요로워질 것이다.

한편, 상대방의 주의를 사로잡기 위해 고마움을 표현해보자. 상당히 강력한 무기가 될 것이다. 그냥 고마움을 표현하기보다는 어떤 점에서 고마웠는지 구체적으로 설명하면 좋다. 분명 관계가 깊어지고 유익한 존재가 될 것이다.

📂 예시

대상: 조 대리

• 조 대리님, 고마워요. 협력사 요구사항 잘 정리해준 덕분에 빨리 처리할 수 있었어요.

대상: 아이들

• 얘들아, 잘 먹고 잘 놀고 잘 자니까 엄마는 안심이 돼. 잘 자라주고 있어서 고마워.

대상: 협력사 김 팀장

- 전화로 상황 알려주신 덕분에 문제 잘 해결했습니다. 팀장님, 정말 고맙습니다.

적용

대상:

-

대상:

-

대상:

-

: 불편한 것을 말해야 할 때는 쿠션 먼저

불편한 것을 말할 때, 특히 거절해야 할 때 사용하면 좋은 훈련법이다. 먼저 분위기를 부드럽게 만들 수 있는 쿠션 같은 말, 말랑말랑한 말을 사용한다. '애쓰셨네요', '그럴 수 있겠네요', '이를 어쩌나' 등이다. 특히 '이를 어쩌나'는 현실적인 문제에 집중하도록 도와주는 마법 같은 말이다. 확실히 효과가 있다. 이렇게 대화 맥락에 맞는 공감의 말을 하고 아론슨 기법도 같이 쓰자. 아론슨 기법은 미국 심리학자 엘리엇 아론슨(Elliot Aronson)이 도출한 것으로, 부정과 긍정이 있을 때 부정을 인정하고 긍정으로 마무리하는 방법이다. 여기에 권유나 청유, 바람의 말을 덧붙이면 좀 더 편안한 의사 전달이 가능해진다.

"이를 어쩌나(쿠션 언어), 제가 그날 강의가 있어서 날짜 조율이 어렵네요(부정: 거절). 그런데 그 분야에 탁월한 강사님이 있어요. 소개해드릴까요(긍정: 대안)? 이번에는 아쉽지만, 다음에는 함께할 수 있길 바랍니다(바람)."

이런 방식으로 나도, 상대도 불쾌하지 않게 거절할 수 있다. 이는 교정적 피드백 등의 불편한 이야기를 해야 할 때도 효과적이다. 최근에 일어났던 일들 중 몇 가지 상황으로 연습해보자. 말투는 적당히 친절하면 된다.

쿠션 언어 + 부정(거절) + 긍정(대안, 바람) 예시

- 애쓰셨네요(쿠션). 이번에 함께하지 못해서 아쉬워요(부정). 많이 연습했고 어떤 부분이 잘 안되는지 명확히 알게 되었으니, 다음에는 좀 더 집중하면 좋겠네요(긍정 / 바람).

- 아이고, 불편하셨겠어요(쿠션). 사실 프로그램으로 주문하는 거 어렵죠(부정). 그래도 알고 나면 훨씬 더 편하고 신속하게 주문될 겁니다. 이번에 제대로 배워보시면 어떨까요(긍정 / 대안)?

- 그렇죠(쿠션). 이번 교육 평소보다 많이 비싸죠(부정). 맞아요. 부담되기는 하지만, 수료해서 강사 자격증을 따면 강력한 커리어가 될 겁니다. 이번에 같이 해보시는 거 어때요(긍정 / 대안, 바람)?

: 긴장될 때, 성대를 잡아 집중시키기

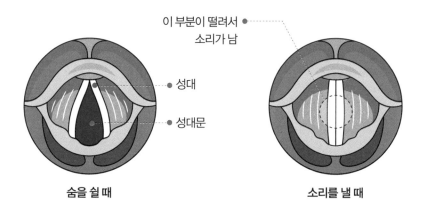

이 부분이 떨려서
소리가 남

● 성대

● 성대문

숨을 쉴 때　　　　　　　　　　**소리를 낼 때**

긴장될 때, '첫 음은 낮고 천천히'를 성대 잡는 기준으로 삼아보자. 음을 낮게 하면 호흡이 안정되기 쉽다. 낮은 톤으로 연습하는 것이다. 하이드(Hyde)는, 개인이 낼 수 있는 최적의 목소리는 본인 목소리 기준으로 낮은 수준의 음정을 유지하면서 즐거운 기분으로 부드럽게 말하는 상태라고 했다. 또한 최근 연구에서도 음높이가 약간 낮으면 청자에게 호의적 반응을 일으킨다고 한다. 아무래도 평소에 내는 톤보다 조금 낮은 톤이 편안하고 안정감 있게 들린다. 또한 낮은 소리는 울림이 있기 때문에 더욱 전달이 잘된다.

말할 때 떨림이 극복되지 않는다면 성대를 잡는 것부터 시작해보자. 첫 음은 낮고 천천히! 그러면 떨림도 잡힐 것이다.

적용

- 긴장될 때는 호흡을 크게 몇 번 쉬고, 호흡을 먼저 다스린다.

- 잠시 나를 편안하게 만들어주는 상황을 상상한다. 예컨대 녹음의 숲속에서 좋은 공기를 맡는 것을 이미지화하며 마음을 다스린다.

- 눈을 뜨고 목을 살짝 주물러준다. 성대가 촉촉하게 붙을 수 있도록 톤을 잡고, 배에 힘을 주고 '아~~~' 하면서 천천히 성대를 열었다 닫아준다. 호흡이 흩어져 나오지 않도록 야무지게 닫아준다.

- 최대한 편안한 상태(몸에 힘을 뺀 상태)를 유지하면서 음의 변화가 없이 안정적으로 소리가 나오는지 확인한다.

- 훨씬 안정된 시작을 느낀다. 그렇게 안정적으로 시작하면 그다음 소리도 안정적으로 나온다. 더 이상 떨리지 않는다.

: 임팩트 있는 음성 훈련하기

음성으로 임팩트를 주기 위해서는 다음과 같은 부분을 신경 쓰면 좋다. 말할 때, 속도와 강도, 멈춤 등을 적절하게 활용하면 다양한 분위기를 낼 수 있다. 말의 뉘앙스가 달라진다. 말의 내용 중 강조하고 싶은 부분이 있을 것이다. 그럴 때 유용한 음성 강조 세 가지 방법이다.

1 강약

강하면 다음 약한 것이 강조되고, 약하면 다음 강한 것이 강조된다. 자신감이나 확신, 희망, 비전 등을 이야기할 때는 강하게 강조해야 청중에게 훨씬 잘 들린다. 물론 약하게 강조하는 기법도 있다. 쉽지 않지만, 효과는 뛰어나다. 하지만 자주 사용하면 힘이 없어 보이고 안 하느니만 못하다. 강하게 강조하는 훈련을 하면 전부 다 강조하는 사람들도 있다. 그런데 잊지 말아야 할 점은 약함이 있어야 강한 것이 돋보인다는 사실이다. 큰 소리로 강조만 했다가 갑자기 약하게 하면 그 내용이 강조되어 반전을 가져온다. 물론 내용과 일치되어야 효과가 있다.

2 속도

속도가 빨라서 혹은 느려서 고민인 사람이 꽤 있다. 사실 빨라서 고민인 사람이 더 많긴 하다. 빠르면 제대로 전달이 어렵고 느리면 다소 지루해질 수 있다. 그래서 이를 섞어서 '밀당'하면 훨씬 임팩트 있게 말할 수 있다. 속도가 빠른 사람들은 빠르게 하되, 진짜 강조하고 싶은 부분에서는 느리게 한다. 물론 문장과 문장 사이는 쉬는 것이 좋다. 그래야 상대의 속도에 맞출 수 있다. 느려서 고민인 사람은 자신의 속도보다 1.5배속(조금 빠르다고 느끼는 정도)으로 연습하면 좋다.

3 포즈(잠시 쉼)

포즈만 잘해도 우아하게 내용을 강조할 수 있다. 포즈는 쉬어 가는 것이다. 멈추는 여유를 가지는 것이다. 말을 하면서 여유를 가질 수 있는 사람은 그렇게 많지 않다. 고수들의 강조법이다. 문장과 문장 사이, 중요한 단어 앞에서 잠깐 쉬는 것도 탁월한 방법이다. 속도가 빠를 때, 갑자기 쉬어주면 바로 관심을 끌 수 있다. 내용이 강조된다. 말하고자 하는 내용을 강조할 때 포즈는 중요한 역할을 한다. 강조하고 싶은 키워드 전에 잠시 쉬는 훈련을 해보자. 보통 말에서는 3초 정도가 적당하다.

포즈 강조는 언제, 어떻게 하면 좋을까?

- 중요한 내용 앞에서
- 생각할 거리를 던져줄 때(질문을 할 경우)
- 내용이 바뀔 때
- 분위기 전환이 필요할 때

강조의 3P

- Pace(속도): 말의 빠름과 느림, 흐름의 빠름과 느림
- Power(강도): 어조의 높낮이, 강약
- Pause(멈춤): 짧은 멈춤

: 임팩트 있는 제스처 훈련하기

음성뿐만 아니라 비언어적 제스처를 활용하면 주의를 사로잡을 수 있다. 경영 컨설턴트로 일할 때 나는 엄지의 힘을 제대로 느꼈다. 강의할 때도 상대방의 스피치를 들을 때도 제일 많이 사용했던 제스처가 엄지다. 엄지는 가장 힘이 있는 손가락이다. 함께 일하는 동료들의 엄지는 수강생들을 돕도록 하는 나의 내적 보상도를 올려준다. 그리고 수강생에게도 조금이라도 진전이 있으면 엄지를 올려 보여준다. 그냥 올리는 것이 아니라 근거가 있을 때 올리면 수강생들의 태도와 마음가짐이 더욱 적극적으로 바뀌는 것을 즉각적으로 느낀다. 이 역시 나라별로 혹은 조직의 문화별로 상징과 의미가 다르지만 이렇게 제스처는 상황에 따라서 많은 의미를 포함한다.

그런데 이 제스처도 저마다 어울리는 제스처가 있다. 나는 이를 일명 '시그니처 제스처'라고 부른다. 예컨대 겸손한 사람들은 '무화과 나뭇잎'이라는 제스처를 취하는 경우가 많다. 손을 허리 밑으로 모아서 아래쪽으로 내리는 것이다. 이 자세는 겸손해 보이지만, 다소 자신이 없어 보인다. 사람들의 시선을 사로잡으려면 손을 허리 쪽으로 조금 올려준다. 그러면 겸손과 자신감을 모두 보여줄 수 있다.

무화과 나뭇잎 자세 응용

이렇듯 손동작은 여러 의미를 표현할 수 있으니, 사용하지 않을 이유가 없다. 재닌 드라이버(Janine Driver)는 강력한 손짓 제스처로 네 가지 스티플 자세를 제안했는데, 그중 세 가지를 살펴보면 다음과 같다.

첫 번째는 두 손을 손가락 끝에 붙여 산처럼 뾰족하게 만드는 스티플 자세로, 일명 첨탑 스티플이다. 자신감과 매우 강한 신념, 확실한 메시지를 보여줄 때 사용하면 좋다. 그래서 첨탑 스티플은 뉴스 앵커에게서 자주 볼 수 있다. 삼각형의 안정적인 구도의 손 형태는 보는 사람에게 신뢰감을 준다.

두 번째는 OK 사인 스티플이다. 이는 중요한 점을 이야기할 때 청중에게 무의식적 OK를 유도할 수 있다. 선거에서 연설할 때 자주 등장하는데, 긍정적인 분위기를 풍겨야 할 때 더욱 효과가 있다. 무의식적으로 나의 말에 OK 동의하는 긍정적 인식을 심어준다.

세 번째는 농구공 스티플이다. 신뢰와 동의를 얻어낼 때 효과적이다. 특히 열정과 희망이 넘치게 하는 호감형 스티플이라고 할 수 있다. 스티브 잡스도 자주 사용했는데, 몸 앞에 농구공이 있다고 상상하고 그 공을 잡는 느낌으로 말하면서 제스처를 취한다. 약간 어색하다면 나의 내용에 중요한 부분을 괄호 친다는 느낌으로 말하면서 제스처를 취해보자. 둥그런 형태의 손동작은 경직되기보다는 호감형으로 부드럽게 그러면서도 집중도 있게 내용을 전달할 수 있다.

이상의 스티플 외에도 자신에게 맞는 제스처를 개발할 필요가 있다. 불편한데도 무조건 하기보다는 여러 제스처를 시도해보고 자신에게 어울리고 편안한 제스처를 선택하는 게 중요하다. 그러면 좀 더 나다움을 보여줄 수 있고 청중도 자연스럽게 진행되는 나의 말하기에 집중할 것이다.

Keep

지속하기

지속적인 성장을 위한 도구
: 말하기 성장 탄력성

5-Step Speaking Growth Training Guide

낭독 명상 모임을 매달 하고 있다. 매일 5분 분량의 글을 음독하고 각자 하고 싶은 말을 녹음한다. 그리고 자신의 음성을 듣는다. 하면 할수록 음성도 더 좋아지는 걸 느낀다. 음성을 통해 표현되는 내 마음을 이해하고 조절하는 능력도 생기고 있다. 이 일련의 과정이 왜 재미있는지 생각해보니, '이미 충분한 나 자신을 인정하고 너무 애쓰지 않아서'인 것 같다. 소리가 가라앉아 끝 음이 다 사라져도 된다. 발음이 뭉개져도 되고 감정이 거칠게 표현되어도 된다. 빨리 해도 되고 멈춰도 된다. 모두 된다. 이 시간은 나를 위한 내 시간이기 때문이다. 즐겁게 지속하는 것이 중요하다.

지금까지 내향적인 사람들이 훈련할 수 있는 몇 가지 도구를 제시했다. 이 도구들을 통해 갈고닦아야 한다. 끊임없이 필요한 도구들은 꺼내서 써야 한다. 일회성으로 끝나면 안 된다. 그래서 마지막 단계, Keep(지속하기)이다. 지속하면 바뀐다. 말하기가 잘 안되어도 금방 다시 내 모습으로 튕겨 올라올 수 있는 말하기 성장 탄력성이 생긴다. 너무 애쓰면 뜻대로 잘 안되고 금방 지치게 마련이다. 그저 일상에서 즐겁고 자연스럽게 지속해보자.

01

말하기
성장 마인드세트:
돈값을 하세요!

일하면서 들었던 말 중 가장 속상하면서도 가장 의미 있었던 말이 있다. 처음에 그 말은 나의 존재를 부정하고 하찮게 대하는 것처럼 들렸다. 방송활동을 한 지 얼마 안 되었을 때, 증시를 정리해주는 캐스터를 했다. 방송 프로그램을 여러 개 하고 있었기 때문에 시간적으로 여유가 없었다. 그래서 증권시장에 대한 사전 지식 없이, 공부 없이 방송을 시작하게 되었다. 방송 대본을 잘 작성하고 잘 읽으면 된다고 생각했는데, PD가 보기에는 무척이나 부족했던 모양이다.

어느 날 기어이 PD가 말했다.

"조현지 씨! 돈값을 하세요!"

쥐구멍에라도 숨고 싶은 심정이었다. 내 가치를 몰라보는 PD가 원망스러웠다.

'내 기를 죽이는 방송은 필요 없어!'

그 방송을 그만둬야겠다고 생각했다. 그런데 또 마음 한편에서는 오기가 스멀스멀 올라왔다. 이렇게 그만두면 정말 자존심이 상할 거라고, 앞으로 이런 일이 있을 때마다 도망치는 비겁한 바보가 될 거라고. 일종의 자아커뮤니케이션이 시작되었다. 왼쪽의 조현지는 '그만둬! 내가 다시는 이 방송국 프로그램 보나 봐라!' 했고, 오른쪽의 조현지는 '피디가 그렇게까지 말했는데, 내가 얼마나 괜찮은 사람인지 한번 보여줘야 하지 않겠어?' 했다. 결국 오른쪽의 조현지가 일어났다.

인정하기 싫었지만, PD는 냉철하게 사실을 말하고 있었다. PD 코를 납작하게 만들겠노라 했는데, 시간이 갈수록 방송 역량이 부족한 나를 확인하며 자신감을 잃어갔다. '잘하는 척'도 이번에는 통하지 않았다. 일부러 허리를 곧추세우고 목소리를 크게 하며 멘트 하나 틀리지 않으려고 애썼다. 이런 내 모습을 지켜본 베테랑 아나운서가 한 말씀을 해주셨다.

"떨리니까 발성을 크게 하는 것도 좋아요. 그런데 표정이 자신감 없어 보여요."

효능감과 자존감 모두 바닥으로 떨어졌다. 내향적인 내가 자꾸 튀어나와 그만두자고, 도망가자고 했다. 나는 행동이 마음과 태도까지 바꿀 수 있다고 믿는 편이다. 문제는 내 안의 열등감이 틈만 나면 비집고 나와 그 믿음을 흔든다는 것! 자연히 그게 나의 표정, 몸짓에 고스란히 드러났다. 나부터 나를 온전히 믿어야 하는데, 그게 쉽지 않았다. 나를 믿을 근거가 필요했다.

나는 금방 탄로 날 '척하는 것' 말고 차근차근 충실히 실력을 쌓아가기로 마음먹었다. 그렇게 내가 나를 믿을 근거를 깔기 시작했다. 먼저 방송 역량이 떨어지고 주식시장의 이해가 부족한 나를 직시했다. 불편하고 부끄러웠지만 그래도 인정하고 나니 그다음 해야 할 것이 눈에 들어왔다. 자는 시간을 쪼개가며, 이동 시간을 최대한 활용해가며 경제·주식 용어를 숙지했다. 시장 흐름을 파악하는 데 어려움이 있어서 고민 끝에 월급으로 아예 주식거래를 시작했다. 인생은 실전! 내 돈이 들어가니 시장 흐름이 보이기 시작했고, 투자자로서 질문이 꼬리를 물기 시작했다. 급기야 정말 하기 싫었던 그 방송이 재미있어졌다. 자연히 카메라 빨간불이 켜지는 시간이 기다려졌다. 결국 PD에게 "거봐요. 잘하면서" 하는 말을 들었다. 그냥 읽기만 하면 안 되었다. 내용을 알고 읽는 것과 그냥 읽는 것은 천지 차이였다.

결과적으로 '조현지 씨! 돈값을 하세요!'라는 핀잔은 방송 스피치에 자신감을 실어주는 계기가 되었다. 방송이 잘 안 풀려도 배우려고 노력하고 한결같은 정성을 기울이면 어떤 방송도 해낼 수 있다는 자신감 말이다. 방송뿐 아니라 모든 일이 그렇다. 크든 작든 성취 경험이 생겨야 나에 대한 효능감이 올라가고, 그 효능감이 바탕이 되어야 주체적으로 살아갈 자신감이 생긴다. '삶의 주체인 나'로 살아가려면 내 말의 힘을 믿어야 하고, 내 말에 힘이 실리려면 나를 신뢰해야 한다. 이를 위해 성실히 갈고닦아 성장해야 한다.

캐럴 드웩(Carol Dweck) 교수가 정리한 '성장 마인드세트(growth mindset)'가 있다. 이는 실패를 경험해도 계속 배워 더 성장하려는 데 초점을 둔 태도다. 기본적으로 스스로 변화하고 성장할 수 있다는 믿음이 깔려 있다. 이런 마인드는 노력으로 얼마든지 길러낼 수 있다.

나를 표현하는 데도 성장 마인드세트는 필수다. 내향적이어서 사람들 앞에 서는 게 힘들어도 성장 마인드세트로 한 걸음씩 밟아 올라가자. 잘하고 못하고의 기준을 타인에게 두는 건 부질없다. 성장 마인드세트의 비교 대상은 바로 나 자신이다. 변화하는 자질, 성장할 수 있음을 믿고 항상 최선을 다해 새로운 무엇인가를 익히자. 그렇게 오롯이 나 자신에게 집중해보자.

현재의 내 상태를 인정하고 성장 마인드세트를 가져보자. 배움의 과정에서 허우적거리다 보면 어느 순간 성취 경험을 통한 효능감, 자신감 상승을 체감할 것이다. 그렇게 좀 더 성장한 내가 되어 존재감을 뿜어낼뿐더러 가치를 인정받아 멋지게 '돈값 하는 날'이 올 것이다. 포기하지 말고 계속 가보자. 그게 중요하다.

02

나만의 표현 사전 개정판

강의를 녹음한 적이 있다. 대학생을 위한 강의 때문이었다. 말하기 방법을 알려주는 강사인데 정작 나는 나의 말하기를 돌아보는 데 소홀했다. 셀프 피드백을 해본 지 오래되어서 두 시간 강의를 녹음했다. 그러고는 강의를 마치고 귀가하는 길에 들어봤다. 깜짝 놀랐다. 말의 속도는 빨랐고, 사용하는 언어에서는 남을 배려하겠다는 의도와 달리 자신 없는 듯한 톤이 묻어났다.

나의 언어 사용을 셀프 피드백했다. 어떤 부분에서 명확하지 않았는지, 보완이 필요한지 분석했다. 그렇게 하다 보니 어느 순간 부족한 모습을 인정하고 받아들이게 되었다. 혼잣말로 리허설해보고 현장에서도 표현해보았다. 매주 조금씩 인지하고 원하는 모습으로 표현했다. 학기 말에는 내가 생각하는 말하기 모습으로 표현되었다. 언어 사용에서도 내가 원하는 기준을 가지기 시작했다.

1. '~한 것 같다' 하는 표현은 확신을 주지 않는다.
2. 선택을 하게 하는 말이 많다. '이렇게 하는 게 좋을까요?', '이렇게 하는 게 낫겠어요?' (선택이 너무 많으면 생각하기도 귀찮아질 수 있다)
3. '어렵다'가 너무 많다. '어려우시죠?', '어려울 수 있어요', '아이고, 어쩌나. 어려워서.'
4. 사실과 의견, 느낌을 구분해서 말하지 않는다.

사용 언어를 통해 원하는 기준을 세 가지 정도 정하고, 언어적 스타일을 훈련하기로 했다.

1. 확신에 찬 말들을 사용한다
학생들에게 이론적 배경과 전달할 지식은 좀 더 명확하게 한다. 모호한 말보다는 여러 이론을 확실하게 정리해서 알려준다. '같습니다', '너무', '되게' 등의 부사를 확실히 줄인다.
2. 공감의 말을 사용한다
'우리' 등의 단어를 넣고, '~하자'의 종결어미를 사용한다. 또한 학생들이 실습으로 서로 공감하고 생각을 공유할 수 있도록 한다. 중간중간 요약 정리를 해주면서 이해가 되었는지 확인하는 말을 사용한다. '어떤 마음인가요?', '정리된 것을 각자 적어볼까요?', '어떤 부분에서 더 설명이 필요한가요?' 등의 상대를 이해할 수 있는 공감의 말을 사용한다. '어렵다'보다는 쉽다는 언어가 먼저 인식되도록 '쉽지 않죠?' 등으로 바꾼다.

3. 생생한 말을 사용한다

사실 위주로 생생하게 설명하고 그 뒤 의견을 덧붙여 애매하게 말하지 않는다. 사람이 많았지만, 옆에 있는 사람들과 한 팀(2인 1조)이 되어서 배운 것을 적용할 수 있도록 실습해보고 한두 사례는 발표하도록 권한다. 물론 발표는 개인 선택이다. 그 사례를 통해 배운 것과 연결하여 다시 한번 정리하고 적용할 것들을 생각해보게 한다. 생생하게 활용하도록 실습하고 적용을 나눈다.

이렇게 세 가지 기준을 지켜나가자 내가 사용하는 말 또한 달라졌다. 수업은 확신에 찼고, 공감하는 분위기를 만들 수 있었고, 수업 내내 활기찼다.

언어는 내가 계획하는 대로 사용할 수 있다. 보이고 들리고 명확하기 때문이다. 그래서 언어를 잘 사용해야 한다. 이 효과를 알기에 학생들에게 상황별로 자신과 타인의 대화를 녹음하거나 녹화해서 자주 사용하는 언어, 음성, 비언어 등의 분위기를 분석해 오라는 리포트

과제를 내준다. 그리고 학생들마다 상황에 따라 말하는 내용과 스타일, 사용하는 단어 등이 달랐다고 피드백해준다. 리포트를 계기로 말하기의 습관을 재정립한 학생들도 있다.

직접 나를 관찰해보면 내가 생각했던 모습과는 다른 나를 만나게 된다(물론 내 생각과 같은 나도 만난다). 그 모습을 겸허히 수용하면 그때부터 내가 원하는 '나를 위한 말하기'가 시작된다. 사실 관찰하는 게 제일 큰 도전이다. 현재 내 모습을 거부하고 싶은 강한 마음이 올라오기 때문이다. 그럼에도 용기를 내야 한다. 셀프 피드백 횟수가 늘어나면서 확실히 더 좋아지는 것이 있다. 바로 나의 표현 사전이 훨씬 풍성해지는 것이다. 피드백 후에 하나씩 정해서 수정한다. 그러면 또 다른 개정판 표현 사전이 생긴다. 한 번에 하나씩이다. 그렇게 하면 내가 원하는 말하기에 가까워진다.

나의 언어 사용을 계속 점검하고 필요한 부분은 한 번에 하나씩 바꿔보자. 지속적으로 나의 언어 습관 개정판을 만들다 보면 내가 원하는 모습에 가까워질 것이다. 말은 나에게 의식적이든 무의식적이든 제일 먼저 영향을 미친다. 어떤 언어를 사용하고 그 단어가 어떤 분위기를 내는지 녹음해서 들어보자. 그리고 내가 생각하는 이상적인 언어 사용은 어떤 것인지 정리해보자. 계속 실행하는 게 중요하다. 내가 나에게 영향을 미칠 수 있어야 타인에게도 영향을 미칠 수 있다.

03
솔직하게 말로 표현합시다

스피치 과정 수강생들을 보면서 가끔 너무 잘해내려고 애쓰는 모습이 안쓰러울 때가 있다. 몸에도 마음에도 힘이 잔뜩 들어가 있다. 실패하면 안 되고, 꼭 성공해야 하기 때문에 자신의 강점을 무시한 채 획일화된 말 잘하는 모습에 맞추려고 한다. 그들만의 목표가 있기 때문이다. 나로서는 실패도 하고 안되기도 하는 과정은 필수라는 걸 말해주고 싶다. 그 과정에서 느끼고 깨닫는 일이 더 많으면 말하기는 훨씬 더 단단해지니까. 실패의 다른 말은 배움이라고 하는데, 실패를 동반한 배움은 솔직히 아프다. 되도록 안 아프고 잘 지나갔으면 한다.

그런데 경험상 늘 잘할 수는 없다. 아쉽고 힘들고 아픈 시간을 감내해야 한다. 그래야 그다음에 훨씬 잘할 수 있고 더 단단한 말하기를 할 수 있다.

회복 탄력성에는 실패가 성공과 성취에 가장 큰 영향을 준다고 한다. 그래서 실패해도 이겨낼 탄력성 강한 삶을 살도록 훈련할 방법들을 알려준다. 막상 실패하면 튀어 오르기는커녕 주저앉고 싶은 심정이 된다. 나는 회복 탄력성을 믿는다. 그런데 아무리 그렇게 살려고 해도 인생에 적용하기란 어렵다. 예를 들어 강의 평가가 그렇다. 내 강의 평가는 대체로 좋은 편이다. 강의했던 곳에서 또 의뢰하는 경우가 많다. 물론 강의가 뜻대로 안 풀리는 날도 있다. 20년째 강의를 하고 있는데도 말이다. 그런 날은 멘탈이 유리처럼 깨져버릴 지경이다.

몇 년 전, 이틀 일정으로 진행되는 기업 강의에 투입되었다. 첫날 강의를 마치고 어둑해질 무렵 숙소로 돌아가는데, 담당자가 연락해왔다. 내용인즉슨 이렇게 하면 내년 교육이 어렵다는 것이었다. 정말 당황스러웠다. 이 프로젝트는 내가 수주한 것이 아니었다. 멘토 강사가 수주하여 나에게도 강의 기회를 준 것이었다. 내 프로젝트면 그냥 내가 책임지면 되지만, 이 건은 얘기가 다르다. 멘토 강사에게 피해를 줄 수 있다는 생각에 좌불안석, 너무 괴로웠다. 다음 날 잘하지 않으면 정말 큰일 날 상황이었다. 강의를 좀 더 보강하면서 수정하고 수정했다. 강의 자료를 끌어안고 뜬눈으로 칠흑 같은 밤을 보냈다. 다행히 두 번째 강의를 잘 진행했고, 강의 평가 또한 잘 받았다. 그럼에도 자기비판을 멈출 수 없었다. 안일한 강의 태도, 대충 유연하게 넘길 수 있다는 자만심, 가정과 일의 균형을 못 잡은 아마추어적 마인드 등을 꼬집으며 신랄하게 나를 질책했다.

아찔한 상황을 된통 겪은 뒤, 지인들에게도 나의 잘못을 솔직하게 털어놓으며 또 한 번 나 자신을 책망하고 다짐했다. 앞으로 강의를 절대 허투루 준비하지 않겠노라고. 지인들 앞에서 나를 고백하다가 새삼 알았다. 실패를 통해 향후 해야 할 것과 실패가 내게 어떤 영향력을 미쳤는지 정리하고, 다시 튕겨 올라갈 일들을 삶에 적용하는 게 중요함을 말이다. 또한 실패를 솔직하게 표현하는 것도 용기임을 알았다. 나의 취약한 점을 표현하니 내 말에 더욱 책임감이 생겼다. 표현을 하면 그때부터 회복 탄력성의 영향력이 발휘된다. 실패를 디딤돌 삼아서 더 나아질 수 있도록 해석하고 표현할 때, 그때부터 성공이 시작된다.

솔직하게 표현하는 일은 확실히 필요하다. 표현하면 가벼워진다. 내 몸과 마음에서 실패가 빠져나가는 느낌이 든다. 그럴 때 다시 가뿐히 시작하면 된다. 약점, 잘못을 솔직히 드러내고 성장을 도모하는 모습은 아름답다. 당신의 솔직함과 용기 있는 표현을 응원한다.

04

작지만 분명한 희망

　'작지만 분명한 희망'은 나의 유튜브 채널 대문에 있는 문구다. 유튜브를 시작한 이유는 사람들에게 작지만 분명한 희망을 주고 싶은 바람 때문이었다. 사실 '내가 뭐 큰 영향을 줄 수 있겠어?' 하는 마음도 작용했던 것 같다. 그런데 이 문구가 갈수록 진하게 와 닿는다. 서서히 스며들어서 분명한 마음을 가지게 하는 것, 확실하고 강력한 것보다는 서서히 스며드는 게 나와 어울리는 것 같기도 하다.

　온라인에서 '생생조'로 활동을 한 지 4년이 되었다. 하다 보니 신기한 경험을 하게 됐다. 블로그에 꾸준히 스피치와 말하기 관련된 자료, 내용, 경험 등을 올렸더니, 나의 콘텐츠가 검색되기 시작한 것이다. 그 덕분에 온라인으로 소소하게 스피치 스터디 모임도 하고 있다. 스터디 모집 공고를 낼라치면, 여러 유수의 스피치 교육원들을 마다하고 내 블로그로 제법 많은 멤버가 들어온다. 블로그 이웃들이 모집글을 공유해주고 이웃들의 블로그를 통해 방문자 수가 늘어난다. 처음에는 나를 공개하고 표현하는 게 쑥스럽고 어색했다. 나를 너무 과대 포장하는 것은 아닌지 올린 글을 읽고 또 읽었다. 그렇게 처음에는 제법 어려운 일이었다. 물론 지금은 부끄럽거나 어색하지 않다. 그것만으로도 큰 발전이다.

그저 느낌을 적은 글도, 장소를 소개하는 글도 이제는 거리낌 없이 올린다. '작지만 분명한 희망'의 표현을 자꾸 해야 한다. 강력한 스토리나 강력한 한 방의 표현을 지속하는 것은 어렵다. 미비하더라도 계속해서 표현해야 하는 걸 느낀다. 이웃 블로그에서 '그지 같아도 쓰고, 그지 같아도 행동한다'라는 글을 봤다. 동의한다, 완전! 완벽하게 해내려는 마음은 표현을 주저하게 한다. 자유롭게 자신을 표현하는 걸 어렵게 한다. 특히 누군가 내 말을 듣고 내 글을 본다면 더 그렇다.

글을 잘 쓰는 친구가 있다. 그 친구도 블로그를 한다. 가끔 내게 글을 보여준다. 그런데 비밀글로 자신의 삶을 기록한다. 글이 참 인간적이고 좋은데 비밀글로 감춰놓는 게 못내 아쉽다. 왜냐하면 여행을 좋아하는 사람들, 음악을 좋아하는 사람들, 주택에 살고 싶은 사람들, 자녀를 어떻게 키울지 궁금한 사람들에게 보석 같은 글들이 될 것임을 알기 때문이다. 굳이 내 이야기나 내 삶을 다른 사람들에게 시시콜

콜 공개할 필요는 없지만, 때에 따라서 나의 글이 타인에게 도움을 줄 수도 있고, 소통의 즐거움을 줄 수도 있다.

블로그 운영 초기 때는 늘 고민투성이였다. '이 내용은 누구나 다 알 텐데', '이렇게 써도 될까? 지난번 내용과 겹치는데?', '나를 어떻게 생각할까?' 등등. 물론 지금은 다 쓸데없는 고민이었음을 안다. 내가 표현하는 것들이 필요한 사람들에게 공감으로 전해지면 그걸로 족한 것이다. 아니면 말고. 생각만 하다가 나를 알리고 나를 표현할 기회를 놓치지 말자.

일상에서 나를 표현하는 일이 도무지 어렵다면 먼저 나를 표현할 온라인 공간에 터를 잡아보자. 스스로 자신을 표현하지 않으면 그 누구도 알아주지 않는다. 더욱이 지금은 '인싸'가 넘쳐나는 자기 어필의 시대 아닌가. 나를 표현하는 일은 정말 중요하다. 그러니 소소하게라도 나를 표현해보자. '나는 이런 사람이다', '나는 이런 일이 가치가 있다고 생각한다', '나는 이런 우선순위를 가지고 있다', '나의 관심은 이것이다' 등등 계속 이야기해야 한다. 이것이 바로 요즘 시대에 걸맞은, 나라는 사람을 세우는 브랜딩이다. 나를 내세우지 않는 것은 나를 방치하는 거라고 생각한다. 끊임없이 글로 적고, 입으로 말하고, 행동으로 드러내자. 자기표현은 하면 할수록 좋다. 하면 할수록 는다. 하면 할수록 성장한다. 그렇게 성장하는 나의 세계를 타인에게 선물해보자, 작지만 분명한 희망을 준다는 마음으로.

05

나의 판은
내가 만든다

　강의 의뢰를 수락했는데, 나 다음으로 강의하는 인물이 엄청 유명
한 인사라는 걸 알게 되었다. 평소 존경하는 분이라서 같은 무대에 선
다는 것만으로도 영광이었다. 그렇게 마냥 좋았는데, 시간이 갈수록
못난 걱정이 스멀스멀 올라오기 시작했다.

　'내 강의력이 떨어져 보이면 어쩌지? 내가 너무 부족해 보이면 어
쩌지?'

　사실 이 생각 저편에는 '어떻게 해야 튈까? 어떻게 해야 비슷한 급
으로 보일까?' 하는 야심이 똬리를 틀고 있었다. 그분과 나의 강의 영

역은 다름에도, 경험과 연륜에서도 비교가 안 되는 수준인데도 나 혼자 마음이 조급했다.

어찌할 수 없는 본성인가. 우리는 자꾸 다른 사람과 자신을 비교한다. 그래서 쓸데없이 콤플렉스를 만들고 쓸데없이 스스로 끌어내리고 쓸데없이 우울해한다. 쓸데없는 예민함으로 비교의 창을 열어놓고 잣대를 겨눈다. 나의 판을 키우고 집중해야 하는데, 자꾸 남의 판을 기웃거린다. 상대는 신경도 안 쓰는데 말이다.

'많이 부족했다면 그분과 같은 무대에 설 수 있겠어?'

이렇게 생각을 해도 몇 날 며칠 스트레스는 엄청났다. 아마도 자신이 없었나 보다. 잘하고자 하는 마음은 컸으나 나 자신에 대한 믿음은 작았나 보다.

강의 날이 되었고, 무사히 강의를 마쳤다. 그동안의 고민이 무색하게 누구도 내 강의와 그분의 강의를 비교하지 않았다. 괜히 나만 그랬던 거다. 이후 나는 나의 판에만 신경 쓰자고 결심했다. 내가 진짜 고민하고 걱정했던 부분은 아무도 관심이 없다. 괜히 바보처럼 내가 나에게 스트레스를 준 것이다.

또 어느 날 대기업 임원 1:1 스피치 코칭을 하게 되었다. 그런데 좀 의아했다.

'왜 나지?'

세상에는 유명한 아나운서도 많고, 유명한 스피치 강사도 많다. 왜 나일까? 딱히 활발하게 활동을 하지도 않고, 회사에 제안서도 넣지 않는 소극적인 나를 임원 코치로 선택한 이유가 궁금했다. 프로젝트가 끝날 때쯤, 담당자와의 식사 자리에서 그 궁금증이 풀렸다. 원래 유명 아나운서를 섭외하고 있었는데, 조직원 중 한 명이 나를 소개했다는 거다. 예전 스피치 교육에서 만점을 받은 적이 있는 강사였다면서 추천했단다. 그래도 임원 교육에는 바로 세울 수 없었다고 한다. 그런데 나를 한 번 만나고는 정말 인간적이어서 임원들에게 따뜻하고 세심하게 다가갈 수 있을 거라 확신하고는 의뢰했단다. 그리고 생각한 대로 따뜻하게 격려하는 인간적인 리드와 예리한 피드백으로 편안히 도움 많이 받았다고, 정말 고맙다는 인사를 받았다. 그동안 숙련된 전문가의 모습 안에, 옆집 아줌마 같고 언니 같은 털털한 내 모습이 강점으로 빛을 발한 것이다. 그때 알았다, 드디어 내 판이 커졌다는 사실을.

이 피드백은 정말 나에게 큰 자신감을 주었다. 셀 수 없이 많은 스피치 강사, 소통 강사 중 나는 유일하다. 우리는 모두 저마다의 특색을 가지고 있다. 이 세상에 유일하지 않은 사람은 없다. 가치 없는 사람도 없다. 그러니 무작정 남의 색을 부러워하고 남의 색을 따라 할 필요가 없다. 스스로 나의 가치를 알아보고, 그 가치에 나다운 색과 결을 부각하면 된다. 나만의 고유한 색과 결. 이게 바로 아리스토텔레스(Aristoteles)가 말하는 에토스(ethos), 바로 인품과 인격이다. 아무리 말을 잘해도 에토스가 형편없으면 신뢰가 떨어진다. 그러면 설득도 어렵다. 매력 없음은 물론이다. 사람들은 '누가 말하는가'에 강하게 영향을 받는다. 지금 하는 나의 이야기는 나만 할 수 있는 유일한 이야기이다. 그렇게 내 판을 유니크하게 펼쳐야 한다. 그리고 자부심을 가져야 한다. 이 판은 나만의 독보적 판이라고!

계속해서 나의 말하기를 점검하고 스스로 피드백하자. 존재로서 말하고 남의 판에 한눈팔지 말고 나의 판에 집중하자. 그러다 보면 때가 올 것이다, 독보적인 나의 판이 각광받을 날이.

06

누구나 말로
긍정적인 영향력을
끼칠 수 있다

초등학교 5학년 때 반 대표 아나운서가 되었다. 누군가는 "에이, 그게 뭐" 하겠지만, 내게는 인생 최대 사건이었다. 사람들 앞에만 서면 홍당무처럼 얼굴이 벌게지고 아무런 말도 못 하는 극내향의 나였으니까. 그런 내가 반 대표 아나운서로 뽑힌 것도 문제였지만, 더 큰 문제는 반 대표로서 전교 아나운서 오디션을 치러야 한다는 거였다.

'방송 카메라의 빨간불이 켜지고, 강렬한 스포트라이트를 받았다. 정신을 붙잡아 모든 떨림을 극복하고 선생님 기대에 부응하며 학교 대표 아나운서로 등극했다. 그리고 마침내 세상에 내 목소리를 내게

되었다!'

이렇게 이야기가 흘러가야 멋질 텐데, 유감스럽게도 나의 오디션
은 폭삭 망했다. 나는 숨도 제대로 쉬지 못한 채 아나운서 오디션을
마쳤다. 카메라에 비치는 내 모습이 정면 모니터에 그대로 보였는데,
화사한 조명이 민망할 만큼 점점 빨개지는 낯빛은 초스피드로 탈락
을 불러왔다. 정말 단 한 마디도 못했다. 아무도 없는 곳에 숨고 싶었
다. 반으로 돌아왔는데, 그때 우리 반 대표로 나선 PD, 카메라 감독,
작가 모두 학교 대표가 되었다. 나만 똑 떨어진 거였다. 그때부터 선
생님 원망이 시작되었다.

'말 한 마디 제대로 못 하는 나를 왜 아나운서로 뽑으신 거지? 왜
내가 이런 망신을 당해야 하지? 아! 정말 선생님은 왜 그러신 거야?
이제 더 철저하게 아무 말도 하지 말아야겠어!'

부끄럽고도 속상했다. 그런 나를 담임 선생님께서 부르셨다.

'선생님을 원망하는 게 너무 티 났나? 왜 한 마디도 못 했냐고 야
단치실까?'

내심 걱정하는 내게 선생님은 온화한 표정으로 말씀하셨다.

"현지야, 넌 참 고운 음성을 가졌어. 그래서 선생님은 그 음성이 많
은 사람에게 전달되었으면 좋겠어. 현지는 앞으로 목소리를 사용하
는 직업을 가지면 참 좋을 것 같아."

그때 아무 말도 못 했지만, 그 말씀이 가슴에 붙박여서 몇십 년이
지난 지금도 심장을 뛰게 한다. 그 일로 말미암아 두 가지 믿음이 생
겼다.

첫째, 나는 음성이 좋다.

둘째, (선생님이 내게 그 힘을 보여주셨듯) 말에는 희망을 꿈꾸게 하는 힘이 있다.

말의 강력한 영향력을 믿는다. 5학년 때 담임 선생님이 그 일을 기억하고 계실지는 모르겠지만, 그 말씀 한마디가 나에게 엄청난 영향력을 끼쳤다. 그분 덕분에 말의 영향력을 알게 되었고, 그 영향력을 사람들에게도 알려주고 싶어서 노력하고 있다. 재능을 일깨우고, 그들의 말이 얼마나 영향력 있게 퍼져 나갈 수 있는지 느끼게 해주려고 한다. 안 좋은 면보다는 좋은 면을 더 살릴 수 있도록, 약점보다는 강점이 더 발휘될 수 있도록, 무시당하기보다는 존중받을 수 있도록 이끌어주고 싶다. 그래서 오늘도 나의 말을 고르고 다듬는다.

'내가 사용하는 말은 다른 사람들의 마음에 어떻게 살아 숨 쉬고 있을까?'

'나의 가슴엔 어떤 말이 살아 숨 쉬고 있을까?'

내가 하는 말이 그 누군가에게는 중요한 이정표로 꽂힌다. 그러니 긍정적인 영향을 줄 수 있는 말을 하자. 말은 내뱉는 순간부터 살아 숨 쉬는 메시지가 된다. 이렇게 써본다.

'말하기는 나의 콘텐츠로 영향을 펼칠 수 있는 가장 강력한 도구다.'_조현지

07

발표를 위한
말하기 4단계
흐름

지금까지의 내향적인 사람들을 위한 말하기 셀프 코칭법 5단계를 정리해봤다. SPEAK 기법(See: 내면 관찰하기, Practice: 혼잣말 실행하기, Express: 타인에게 표현하기, Attention: 주의를 사로잡기, Keep: 지속하기)을 훈련하면 말 잘하는 사람이 될 수 있다. 이 훈련을 체화하고 사람들 앞에서 발표할 때, 사전에 4단계 순서로 준비하면 좋다.

생각 정리하기 ▶ 생각 덩어리 짓기 ▶ 생각 편집하기 ▶ 생각 표현하기 첫째, 생각을 정리한다. 발표에 앞서 대상, 목적, 주제를 정하고 콘텐츠를 수집해야 한다. 어떤 대상인지, 어떤 목적으로 무엇을 이야기하고 싶은지 한 문장으로 정리되어야 한다. 이야기 탐험가가 되어서 생각의 지도, 말의 지도를 그리는 것이다.

둘째, 생각 덩어리 짓기를 한다. 생각을 정리해서 그린 지도를 바탕으로 공통된 것들을 묶는 거다. 묶어서 세분화하면 정리하고 말하고 기억하는 데 쉽다. 비슷한 덩어리로 묶을 때 3개 정도가 적당하다. 글쓰기가 서론·본론·결론의 세 부분으로 구성되듯, 말하기도 오프닝·본문·클로징으로 구성한다. 그리고 본문도 경우에 따라 덩어리로 재구성한다.

셋째, 원하는 방향에 맞게 생각을 편집한다. 기승전결의 순서, 내용, 콘텐츠를 뒷받침하는 근거나 예 등을 이해하기 쉽게 편집한다. 어떻게 하면 강조 포인트를 살려서 잘 표현할 수 있을지 고려하고 불필요한 부분은 과감히 버린다. 여행지의 포토 스팟처럼 어떤 부분에서 임팩트를 줄지 생각해본다.

넷째, 생각을 표현한다. 머릿속에 있는 콘텐츠를 여행 가이드가 되어서 실제 표현해보는 것이다. 발표는 표현으로 완성되는 것이다. 언어, 음성, 비언어적 표현을 구사하는 걸 녹화하고 그것을 피드백하는 일련의 과정을 거친다.

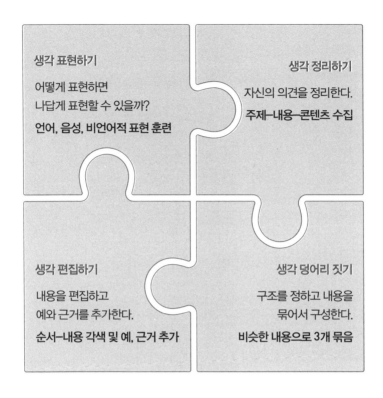

생각 표현하기

어떻게 표현하면
나답게 표현할 수 있을까?
언어, 음성, 비언어적 표현 훈련

생각 정리하기

자신의 의견을 정리한다.
주제-내용-콘텐츠 수집

생각 편집하기

내용을 편집하고
예와 근거를 추가한다.
순서-내용 각색 및 예, 근거 추가

생각 덩어리 짓기

구조를 정하고 내용을
묶어서 구성한다.
비슷한 내용으로 3개 묶음

파트별 중요 부분을 정리하면 다음과 같다.

- 주제를 명확히 하는 것. 즉, 말하고자 하는 걸 강력한 한 문장으로 정리하는 것.
- 덩어리 내용 구조의 키워드를 하나씩 뽑는 것.
- 예나 근거를 쉽고 재미있는 것으로 구성하는 것.
- 표현할 때 나다움이 보일 수 있도록 하는 것.

일반 말하기 강좌에서는 이 4단계 흐름으로 훈련한다. 이를 통해 말하기 실력이 효과적으로 향상된다. 4단계 영역 중 부족한 부분을 훈련한다. 생각이 정리 안 되었으면, 정리해서 말하는 훈련을 한다. 명확하게 전달할 내용을 구조화하여 기억할 키워드를 정리한다. 예나 근거에 대한 훈련이 필요하면, 그 부분을 자세히 꼼꼼하게 말해본다. 그리고 최상의 상태로 말하기가 발화될 수 있도록 나와 어울리는 표현력도 점검한다. 표현하는 것도 중요하지만 알맹이 없이 번드레하게 말만 잘해 보이면 안 된다. 4단계 영역을 마지막까지 잘 점검해본다.

일례로, 사과에 대해 말하기를 해야 한다고 해보자. 우선 사과에 대한 마인드맵을 그려본다. 그냥 생각나는 대로 다 적어도 된다.

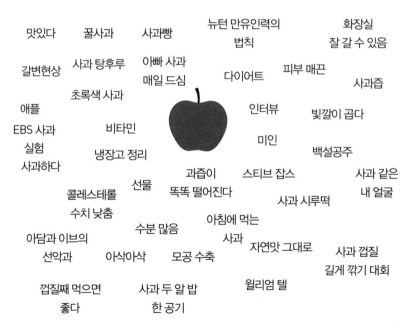

그다음 말하고자 하는 방향으로 덩어리 짓기를 해본다. 사과에는 여러 효능이 있으니 '건강을 위해 사과를 먹자'는 주제로 선정한다. 이제 근거들을 편집한다. 넣고 싶은 이야기가 있어도 관련이 없으면 과감하게 정리한다. 아침마다 사과를 드시는 건강한 아버지의 이야기를 오프닝으로 넣고, 본론에는 사과의 효능 세 가지를 정리하여 넣는다. 신뢰가 가는 근거들을 기반으로 편집한다. 중요한 것은 전체 주제와 연결이 되도록 구성하는 것이다. 결론은 요약 후 기억에 남을 말(주제와 연결된)로 구성한다. 이제 이것들을 기준으로 실제 말하기를 해본다. 녹화를 해보면서 나답게 자연스럽게 말하는지 점검한다.

4단계 영역은 조화롭게 엮여야 한다. 주제가 명확하면 내용이 산만해지지 않는다. 핵심을 알기 때문이다. 그리고 덩어리 내용 구조의 키워드가 명확하면 연습을 많이 할 경우, 대본을 보거나 필기한 것을 보지 않아도 말하기가 훨씬 쉬워진다. 예나 근거는 사람들의 호기심을 자극할 수 있어서 말할 내용에 집중하게 한다. 마지막 나다움은 다른 사람들과 다른 모습을 보여주게 함으로써 말하기를 개성 있게 보이도록 한다. 제일 중요한 것은 이렇게 정리된 내용을 계속해서 녹화해보고 직접 피드백하는 것이다. 객관적으로 나를 볼 수 있어야 어떤 부분이 부족한지 알 수 있다. 녹화하면 실력이 느는 것도 바로 확인할 수 있다. 어렴풋한 것을 명료하게 만들 수 있다. 그래서 녹화하고 셀프 코칭하는 것은 필수다.

다음은 사과를 키워드로 한 최종 말하기의 예시다.

건강을 위해 사과를 드세요!

사과 이야기	• 아침마다 사과 드시는 아버지

사과의 효능	• 열량 • 콜레스테롤 수치 조절(혈압관리) • 피부미용(노화 방지), 변비 예방(펙틴 장운동 활발)

요약	• 든든함 • 콜레스트롤 낮춤 • 예뻐짐 • 아침에 사과를 먹으면 의사가 필요하지 않다.

저희 아버지는 참 건강하신데요. 아버지의 루틴 중에 아침마다 사과 한 개씩을 드시는 습관이 있습니다. 아침에 먹는 사과는 금사과라고 말씀하시면서 드시곤 합니다.

실제로 사과는 건강에 좋습니다. 사과의 열량은 한 개 200그램 기준으로 140칼로리 정도인데요. 사과 두 개 정도 먹으면 밥 한 공기 먹는 열량과 비슷하다고 합니다. 한 개를 먹으면 든든한 아침이 될 수 있습니다.

혈압을 관리해주는 효과도 있습니다. 특히 껍질째 섭취하면 좋습니다. 풍부하게 함유된 항산화 성분 때문인데요. 꾸준하게 섭취하면 혈압관리 및 혈관 건강을 개선하는 데 도움 됩니다.

변비에도 좋습니다. 식이섬유의 주요 성분인 펙틴이 풍부해서 장의 원활한 활동을 촉진합니다. 아침에 사과 한 알로 하루가 편안해지실 겁니다.

든든할뿐더러 혈압관리로 콜레스테롤 수치도 조절할 수 있고 예뻐질 수 있는 사과, 어떠세요?

아침에 사과를 먹으면 의사가 필요하지 않다고 합니다. 사과 한 알로 건강을 지키길 바랍니다.

STEP 5

TRAINING

: 나의 표현 사전 만들기

내가 사용하는 말은 나에게 제일 먼저 영향을 미치기 때문에 정말 중요하다. 성공 노하우를 전하는 사람 대부분은 확언의 중요성을 강조한다. 《돈의 속성》을 쓴 김승호 대표는 자신이 이루고자 하는 것을 하루에 100번씩 100일 동안 확언 일기를 썼다고 밝혔고, 《파리에서 도시락을 파는 여자》를 쓴 켈리 최는 그녀의 유튜브를 통해 매일 확언을 공유했다. 그들이 이야기하는 확언은 자기 격려, 의지와 다짐의 말들인데 확언을 통해 스스로에게 희망을 주고 위로를 주며 삶이 긍정적일 수 있도록 긍정의 선순환을 만든다. 확언에는 부정적인 말이 없기 때문에 매일 좋은 말을 해줄 수 있다. 그 긍정의 말을 듣고 스스로 성장하는 것이다.

언어는 사물을 구분 짓고 타인과 나를 구분 짓는 하나의 기준이 된다. 우리가 책상이나 펜, 공책 등을 언어로 대상을 구분하는 것처럼 내가 사용하는 말은 나의 사고를 보여주는 동시에 내가 어떤 사람인지를 구별하게 해준다. 현재 사용하는 말이 나의 잠재력에 제한을 두는 건 아닌지, 내가 원하는 방향으로 성장하도록 도와주는지, 어떤 말을 자주 사용하는지 관찰해볼 필요가 있다.

평소 사용하는 말은 나를 보여주기 때문에 분석해보는 게 좋다. 특히 녹음이나 녹화를 해보면, 정제되지 않은 평소의 말들이 나오기 때문에 나의 언어를 파악하기 좋다. 본인이 지향하고 예속되고 싶은 삶의 말들을 사용해보자. 성공하는 사람들의 언어에는 다음과 같은 말이 들어가 있었다.

• 의무보다는 선택의 말
• 불확실한 말보다는 확실한 말
• 쿠션 후 나의 말('좋은 말씀 감사합니다. 제 생각은~' 등등)
• 비난, 비판, 평가, 충고보다는 성장을 위한 건설적인 피드백의 말
• 과거에 머무는 잔소리보다는 미래지향적 해결 중심의 말

그중에서도 선택의 말을 우선 훈련해보자. 누구나 주체적으로 살고 싶어 한다. 스스로 말하기를 선택하여 밖으로 말할 수 있도록 해야 한다. 다음은 닐 피오레(Neil Fiore)의 《내 시간 우선 생활습관》에서 일을 미루는 사람들이 자주 하는 말들을 정리한 것이다. 일을 미루는 사람은 '해야 해', '반드시 끝내야 해', '이 일은 크고 중요한 일이야', '반드시 완벽해야 해', '나는 놀 시간도 없어'를 자주 쓴다.

의무의 말	선택의 말
● 반드시 끝내야 해.	● 나는 오늘 점심시간 전에 이 일을 끝낸다.
● 이 일은 크고 중요한 일이야.	● 이 일은 재미있고 내가 선택한 일이다.
● 반드시 완벽해야 해.	● 최선을 다해서 이 일을 해낼 수 있다.
● 나는 놀 시간도 없어.	● 나는 쉴 시간이 있고 일할 시간도 있다.

일을 해내는 사람은 '선택의 말'에 집중한다. '~을 해야 한다'는 생각은 선택이 아니라 내 의지와 상관없이 의무감으로 해야 하는 일이 된다. 그러면 외부 압력에 반발을 가져오고 저항감을 가지게 된다. 이때 우리의 뇌는 두 가지 상반되는 상황을 처리해야 한다고 한다. 주어진 일을 처리하는 데 필요한 힘, 자신에 대한 위협에 저항할 힘이다. 그래서 하기가 쉽지 않은 것이다. 닐 피오레는 '해야 해'를 '선택하겠어'로 바꾸라고 한다. 그러면 그 일은 더 이상 의무가 아닌 내가 선택하고 결정한 일이 되는 것이다. 스스로 선택하는 말은 자신을 좀 더 주체적으로 만들어준다. 결국, 나의 의지와 태도가 들어가야 한다. 먼저 의무의 말을 선택의 말로 바꿔보자. 우리에게는 우리가 사용하는 말을 선택할 자유가 있다.

어떻게 살고 싶은가? 그 방향으로 의지와 태도를 부르는 내가 선택한 언어로 개정판 사전을 만들어 계속 수정해 나아가자.

: 발표 4단계 프로세스

발표할 일이 있을 때, 다음과 같은 체크리스트를 살펴서 점검해보길
바란다.

발표 4단계	점검 사항	체크리스트
생각 정리하기	자신의 의견을 생각해보고 정리했는가? (마인드맵 활용)	1 주제가 한 줄로 정리되었는가? 2 목적은 무엇인가? 3 어떤 내용으로 구성할 것인가?
생각 덩어리 짓기	내용을 묶어서 구성했는가? (Chunking 기법)	1 덩어리(묶음)로 구성되어 구분되었는가? 2 각 덩어리(묶음)에 핵심 키워드가 명확한가? 3 덩어리들의 연결이 매끄러운가?
생각 편집하기	예와 근거가 충분한가? (Reason, Example)	1 필요 없는 내용은 과감히 버리고 임팩트가 있는 중요한 이야기 중심으로 정리되었는가? 2 이유가 충분한가? 3 타당한 예들과 스토리들이 준비되었는가?
생각 표현하기	나답게 말하기 (Be myself)	1 나의 강점이 표현되었는가? 2 언어적인 부분에서 신경 써야 할 것이 있는가? 3 음성이 자연스럽게 나오는가? 4 비언어적인 모습에서 내가 잘 표현되는가?

: 말하기 셀프 피드백 리스트

SPEAK(See-Practice-Express-Attention-Keep)의 5단계는 실제로 해보지 않으면 이 또한 의미 없다. 지금까지 경험으로 단언컨대 말하기는 연습, 리허설로 완성된다. 1:다수로 말해야 할 경우, 말하기 능력도 중요하지만 의사소통과 공신력에도 신경 써야 한다. 리허설을 할 때 혹은 실전에서 다음 항목들을 통해 피드백해본다.

1: 다수 말하기 셀프 피드백 리스트, 말하기 능력·의사소통·공신력

	1	눈맞춤을 잘하는가?	
	2	자신감이 있는가?	
말하기 능력	3	다양한 표정을 짓는가?	
	4	내용과 맞는 제스처를 사용하는가?	
	5	속도는 적당한가?	

	6	목소리에 힘이 있는가?	
	7	아, 에, 음, 저 등의 사용이 거의 없는가?	
	8	억양의 변화가 적절한가?	
	9	내용에 따라 포즈(멈춤)의 사용이 있는가?	
말하기 능력	10	내용은 흐름이 끊기지 않고 말하기가 유창한가?	
	11	청중이 호기심을 유발하도록 말하는가?	
	12	자신의 중심 생각과 말하기 목적을 제시하는가?	
	13	체계적으로 내용을 전개하는가?	
	14	적절한 증거, 예 등을 사용하는가?	
	15	말하기 논점을 요약하는가?	
의사소통	16	발표자는 스스로를 노출하는 편인가?	
	17	발표자는 말할 때 편안함을 느끼는가?	
	18	발표자가 어떤 환경에서도 말하기에 집중하는가?	
	19	발표자가 청중을 활용하거나 말하기에 끌어들이는 화법을 구사하는가?	

	20	발표자가 전문 지식이 있어 보이는가?	
	21	발표자가 경험이 풍부해 보이는가?	
공신력	22	발표자가 솔직해 보이는가?	
	23	발표자가 사람들에게 친근감이 높아 보이는가?	
	24	발표자가 세련되어 보이는가? (전반적인 분위기)	

1:1 혹은 1: 소수의 경우, 다양한 말하기 상황이 있을 것이고 말하기 목적이나 대상에 따라서 말하기 기법이나 기술은 입체적으로 활용되어야 한다. 말하기 전에 가져야 할 기본적 태도, 즉 상대에 대한 존중을 보여주는 태도는 네 가지다.

첫째, 경청이다. 잘 들어야 소통을 할 수 있다. 무엇을 바라지 말고 상대방에게 존중부터 표현해보자.

둘째, 질문이다. 잘 들은 내용을 토대로 상대를 파악하고 이해하면서 질문하면 된다. 상대에 대한 호기심을 보여주자.

셋째, 인정이다. 누구나 인정받고 싶다. 공감도 인정의 한 형태다. '나와 함께하고 있구나', '나를 이해하는구나' 할 수 있도록 공감과 더불어 상대를 인정함을 표현해보자.

넷째, 감사다. 감사의 효능은 이미 잘 알려져 있듯 최상의 긍정성이다. 서로 감사하는 연결이 있게 되면 소통이 기다려지고 설레게 될 것이다. 서로에게 감사 표현을 하면 좋다.

1:1 혹은 1:소수 말하기 셀프 피드백 리스트, 경청·질문·인정·감사

표현	체크리스트
경청	• 상대방의 표현 에너지에 맞춰서 진행했는가? (톤, 제스처 등) • 침묵을 적절히 사용했는가? • 상대방의 이야기 키워드를 이어 나가면서 반응했는가? • 프론팅 기법(상체, 하체 기울이기)을 활용했는가? • 상대방도 경청하고 있는 것 같은가? • 말을 끊지 않고 끝까지 들었는가? • 듣는 것 7:말하는 것 3의 정도로 대화를 진행했는가?
질문	• 열린 질문을 사용했는가? • 상대방의 이야기와 연결된 질문을 했는가? • 질문이 간결하여 핵심을 이야기했는가? • 상대방의 관심사나 언어를 사용해서 질문했는가? • 부정보다는 긍정에 집중하여 질문했는가? • 과거보다는 미래에 초점을 둔 질문을 했는가? • 상대방이 다른 관점에서 생각해볼 수 있도록 질문했는가?

표현	체크리스트
인정	● (문제나 일보다는) 상대방 자체에 집중했는가? ● 강점을 인정하고 존중해주었는가? ● 말을 끊지 않고 말을 많이 할 수 있도록 배려하고 개인적인 관심을 표현했는가? ● 상대방이 본인의 말을 스스로 요약, 정리할 수 있도록 했는가? ● 상대방의 말 속에 긍정적 의도나 욕구를 발견하고 이해해줬는가? ● 상대방의 말에 판단, 예측, 강요를 하지 않았는가? ● 부정적인 이야기에 '항상', '매일', '결코' 등의 단어 사용을 자제했는가?
감사	● 상대방의 에너지를 높였는가? ● 응원, 지지, 격려, 칭찬, 쿠션 언어(부드러운 말) 등을 활용했는가? ● 긍정적 정서를 유지하도록 도왔는가? ● 함께 대화하는 데 감사를 표현했는가?

: 일반 말하기에서 SPEAK 활용하기

지금까지 내향적인 사람들을 위한 말 잘하기 5단계 훈련법을 소개했다. 천천히 꾸준히 따라 하면 누구나 말 잘할 수 있다. 조직에서 회의나 발표할 때, 새로운 사람을 만날 때, 친목 도모 자리가 어색해서 무슨 말이든 해야 할 때, 상사가 일을 시켰는데 업무 지시 내용에 대해 이해가 되지 않을 때, 여러 상황에서 활용이 가능하다. 일상에서 활용, 적용할 수 있도록 한 번 더 정리하자.

1 See: 내면 관찰하기

말하기 불편한 상황이 강박처럼 닥쳤을 때 나의 내면을 관찰해본다. 잠시 시간을 내서 자문해보자. 어떤 면에서 불편한지, 어떤 부분에서 떨리는지. 말해야 하는 상황이 불편하다면, 왜 말을 해야 하는지를 생각해본다. 목표가 생기면 말하기가 훨씬 쉬워지고 스스로 격려해줄 수 있다. 즉, 나의 내면 상태를 구체화해서 객관적으로 볼 수 있도록 하고 조금은 편안한 상태를 만든다.

2 Practice: 혼잣말 실행하기

혼잣말을 해본다. 말을 하기 어려우면 머릿속으로 정리해본다. 적어도 좋다. 간단한 구조를 짜고 그 말을 뒷받침할 '왜냐하면', '예를 들어서'의 근거를 찾아 말을 이어 붙여본다. 말로 중얼거려본다.

3 Express: 표현하기

구성된 내용이 대상과 목적과 주제에 맞는지 확인한다. 필요 없는 말이 들어가지 않았는지, 필요한데 상대를 배려하거나 눈치 본다고 못한 말이 있는지 표현해본다. 이때 시뮬레이션을 해보는데, 내 표정, 시선, 말투, 프론팅 활용을 어떻게 하면 좋을지 표현해본다.

4 Attention: 주의 사로잡기

이 부분에서는 강조하고 싶은 부분을 명확하게 하고, 말과 행동의 일치가 이뤄지는지 확인한다. 또한 어떤 표현을 사용하면 이 말을 더욱 호감 있게 주의를 사로잡으면서 이야기할 수 있을지 생각하고 리허설을 진행한다. 리허설하면서 상대의 반응도 예측해보고 경우의 수를 만들어서 시뮬레이션해본다.

5 Keep: 지속적인 성장

말이 끝난 후에 자체적으로 피드백하고 스스로 격려해준다. 다음에 더 잘 표현할 방법이 있는지, 더 말을 잘하기 위해 무엇을 시도하면 좋을지 자체 피드백을 한다. 그리고 말하기 성장을 위해 노력한 나에게 긍정의 셀프 토크를 한다. '왜 못했어?', '그것밖에 못해?', '갑자기 변수가 생겼어. 운도 없네'가 아니라, '다음번에는 어떻게 하면 덜 떨릴까?', '이번에 시도한 방법은 효과가 크지 않았으니, 다음에는 뭘 시도해볼까?' 등의 해결 중심적 방향으로 따뜻하게 주의를 기울이는 셀프 토크여야 한다. 이 작업을 하고 나면, 다음번에는 분명히 더 말을 잘할 수 있다. 미리 생각해보고, 리허설처럼 해보고, 말한 후 셀프 피드백을 해보자. 머릿속으로 해봐도 좋다. 생각하고 연습하면 훨씬 좋아질 것이다.

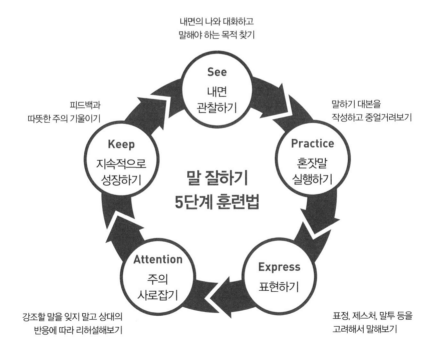

상황 1: 회의 시 실적 발표 상황

- 내면 관찰하기: 요즘 실적 저하로 발표를 한다는 것 자체에 대한 부담감이 있다. 그러나 솔직함이 나의 강점임으로 솔직하고 진지하게 말을 해볼 수 있겠다. 말하는 것 자체로도 굉장히 큰 도전이기 때문에 충분히 해볼 가치가 있다고 본다. 또 다음 분기 실적을 올릴 수 있는 여러 자료가 있기 때문에 그 자료를 잘 정리해서 아이디어를 나눌 수 있도록 기회를 만드는 발표일 수 있다고 생각한다. 회의 때 모두 톤을 높일 수 있지만 흔들리거나 눈치 보는 듯한 모습을 보이지 말자.

- 혼잣말 실행하기: 구조는 현재 상황 점검, 실적 저하의 이유, 실적 향상을 위한 방법 세 가지 공유 순으로 정리해보자. 그동안 자료들을 정리해서 왜 그랬는지, 근거를 제출하고, 실질적으로 키워드 중심으로 대본도 작성해본다.

- 표현하기: 다시 한번 대상, 목적, 주제와 발표 내용이 맞는지 확인하고 현장 발표 환경도 세팅해보자. 내용에 따라서 표정과 시선 등을 어떻게 할지 고민해보고 질문 및 예상 가능 질문을 미리 뽑아서 표현 훈련한다.

- 주의 사로잡기: 실적이 저하되었으나, 실적 향상 가능성이 크기 때문에 뒷부분에서 세 가지를 조금 더 강조할 필요가 있다. 다만 너무 확신에 차지 않도록 겸손된 쿠션 문장들을 사용하고, 말끝을 흐리거나 자신 없게 주눅 드는 것처럼 보이는 행동은 하지 말자. 질문받았

을 때 어떻게 응답할 것인지 미리 리허설해볼 필요가 있다.

- 지속하기: 발표가 끝난 후, 아쉬운 점과 더 나아질 점을 피드백하고 발표할 때 잘했던 부분에 대해서도 스스로 격려해주자. 피드백하고 다음 발표를 위해 긍정적인 느낌으로 마무리한다.

이 5단계를 더 간단하게도 할 수 있다.

상황 2: 물건에 하자가 있어서 바꾸려고 할 때

- 내면 관찰하기: 마음이 불편하지만, 하자가 있으니까 바꾸는 것은 당연해.
- 혼잣말 실행하기: 집에 가서 물건을 확인해보니 작동하지 않아서 당황했어요. 살펴보시고 확인해주세요. 교환 부탁드립니다.
- 표현하기: 표현할 때는 너무 웃지 말고 진지하게 말하고, 만약 내 탓을 하거나 안된다고 말하면 조금 더 단호한 표정으로 강력하게 말해본다.
- 주의 사로잡기: 리허설을 해보면서 걱정하지 말고 정확하고 명료하게 말해본다. '교환'이라는 단어를 강조하고 말끝을 흐리지 않는다. 교환은 당연한 권리이므로 자신 있게 요청한다.
- 지속하기: 이번에는 불편해서 경직되어 말했다. 생각보다 쉬웠고 상대방이 다시 오게 한 것을 미안해했다. 다음번에는 당연한 일이니 더욱 자연스럽게 말해보자.

상황 3: 퇴근 후 취미 소모임이 있는데 갑자기 회식하자고 했을 때

- 내면 관찰하기: 기대하던 소모임이지만, 갑작스러운 회식 제의이니 다음을 기약해야겠다.

- 혼잣말 실행하기: "죄송합니다. 오래전부터 약속된 선약이 있어서 저녁 회식은 어렵겠습니다. 다음에 미리 말씀 주시면 우선순위로 빼놓도록 하겠습니다"라고 혼잣말하면서 자연스럽게 연습해본다.

- 표현하기: '이를 어쩌나' 하는 표정으로 미안해하면서 이야기한다. 너무 톤을 높이거나 화가 난 듯 말하지 말고 천천히 조용히 말해본다.

- 주의 사로잡기: 리허설해보면서 저녁 회식은 어렵다는 표현을 한다. 돌려 말하지 말고 자신 있게 하되, 상대의 기분 나쁜 표정이 있더라도 담담하게 말한다. 그렇게 말해야 다음에는 덜 불편할 것임을 잊지 말자.

- 지속하기: 다음에 미리 회식 제의를 한다면 우선순위에 둔다. 상대가 기분 나쁜 게 느껴질 때 멈칫했지만 다음을 위해서 잘 거절했다고 격려해주자.

나답게 말하기

이 책을 쓰면서 바라는 점이 있었다. 하나라도 적용해서 자신만의 나다움을 표현하는 데 1도의 방향을 제시해주는 것이었다. 나는 여전히 많은 사람보다는 소수의 사람 속에서의 속닥거림을 선호한다. 그럼에도 우리에게는 내향적인 면과 외향적인 면이 동시에 존재하니, 표현할 때 나답게 표현할 방법을 찾길 바라는 마음으로 여러 방법을 제시했다. 그렇지만 결국 용기 있게 입을 떼고 자신만의 말하기 기준을 찾아서 표현하는 것은 실행이 없다면 불가능하다. 조금 더 욕심을 내보면, 당신이 말하기에 따뜻한 주의를 기울이고 훈련을 실행함으로써 이런 결과가 있었으면 좋겠다.

'단답형의 말하기의 대화가 아니라 상대방과의 대화가 섬세해졌다.'
'다소 지루했던 말하기가 생동감 있게 그려진다.'
'그저 수긍하고 무마하려는 것이 아니라 조금 불편해도 나의 감정을 표현할 수 있게 되었다.'

'말하기가 조금은 즐겁다.'

'내 생각을 논리적으로 말할 수 있다.'

'나만의 거절 방법이 생겨서 더 편해졌다.'

'내면의 나와 친해지게 되었다.'

'내 목소리가 나의 마음과 생각을 담는다는 것을 알게 되었다.'

'나를 존중하게 되었다.'

'말할 자격을 펼쳐 보이겠다.'

'호흡이 깊어졌다.'

'표정이 밝아졌다.'

'나의 표현에 관심이 생겼다.'

'셀프 피드백을 시작했다.'

'녹화를 해봤다.'

'말할 때 손을 올려서 활용해봤다.'

'사람들 앞에서 덜 떨렸다.'

'내 목소리를 내게 되었다.'

'나를 좀 더 알게 되었다.'

'입을 떼보려는 시도를 하게 되었다.'

이 책을 통해 위와 같은 변화의 성과를 얻을 수 있을 것이다. 남는 단어와 문장이 없다면 하나라도 찾아보자는 마음으로 다시 휘리릭 책을 넘겨보자. 그러면 분명히 나를 바라보는 표현을 만날 거다. 그 표현을 삶에 적용해보자. '다시'를 뜻하는 're'와 '바라보다'를 뜻하는 'spect'의 조합으로 의미 확장이 된 'respect(존중하다)'처럼 나 자신을 다시 바라보고 진정한 존중의 존재로 거듭나자.

우리는 상대방 중심의 말하기에 익숙하다. 그래서 더욱 내면 소통을 통해 세계를 보고 사람들을 보며 끊임없는 나만의 해석을 만들어내길 바란다. 결국 내가 하는 말은 내 생각과 해석을 담은 말이고 내가 나를 보는 그대로 사람들이 나를 본다. 나에게 맞고 가장 편한 최적의 모습을 알고 존중하는 마음이 표현되었으면 한다. 남의 목소리보다 내 목소리를 먼저 들을 수 있어야 한다. 그래야 나답게 말하고 살아갈 수 있다.

책을 마무리하면서 스스로 말 잘하기 위한 그동안의 노력을 돌아본다. 뭐 이렇게까지 훈련했나 싶은데, 어느 순간부터 표현이 잘되고 말할 때 느껴지는 즐거움이 있었다. 그래서 과제나 의무감이 아니라 더 잘하고 싶은 마음이 더욱 강해졌다. 말하기의 재미를 느꼈고 의미가 있었으며 성장하는 걸 알았기 때문에 더 할 수 있었다. 어느 지점을 넘어서면 표현이 정말 재밌고 나다운 표현을 하는 것이 내 삶을 풍요롭게 함을 실감한다. 당신도 그 찰나의 순간들 속에 말하기의 즐거움과 의미를 느꼈으면 좋겠다.

사실 이제는 그렇게 애쓰지도 않고 너무 잘 보이려고 하지 않는다. 물론 욕심나게 잘하고 싶을 때도 있지만, 욕심을 내려는 마음이 올라오면 또 잘 안된다. 그래서 적당함을 찾는다. 힘을 빼되 힘을 줄 수 있는 적당함, 속도의 적당함, 애씀과 덜 애씀의 적당함, 시선의 적당함, 거리의 적당함, 편안함과 불편함의 적당함, 표현의 적당함 등등 나를 나답게 만드는 적당함의 표현들을 찾아가고 있다. 그 적당함이 나답게 말하는 기준이라고 하겠다. 이 기준은 직접 경험해봐야 세울 수 있다. 말을 시도하다 보면 과할 때도 있고, 너무 덜할 때도 있다. 사람마다 그 기준이 다르다. 그러므로 해보면서 적당한 정도를 찾아가야 한다. 물론 '나답게 말하기'도 진화를 한다. 적당함의 기준도 달라지더라는 것이다. 예전에는 사람들 앞에서 그저 말하는 것만으로도 대단했다. 그때는 퍼즐 같았다. '내 말에 빈공간은 없나?', '그 공간은 무엇으로 채우지?' 했다. 그런데 '나답게 말하기'도 점차 성장하여 이제는 레고 조립과도 같다. 조금 더 입체적으로 내가 원하는 모양이 만들어진다. 나의 콘텐츠, 스토리 블록들이 다양하게 조립되는데, 더러 빈공간도 생긴다. 그 다양한 블록으로 여러 말하기가 탄생한다. 나의 말하기는 여전히 성장과 진화의 과정에 있다.

말 잘하기를 원한다면 지금과는 다른 무언가를 해야 한다. 무언가를 얻으려면 그에 걸맞은 불편함을 감내해야 한다. 운 좋게 거저 얻는 법은 없다. 그게 세상 이치다. 원래 가던 길을 거스르는 불편함 속에서 말하기 혁명이 일어난다. 공자는 '무엇을 하든 어디를 가든 온 마음을 다하면 못 할 게 없다'고 했다. 나의 목소리를 내는 데 온 마음으로 집중해보길 바란다. 새롭게 말의 블록을 쌓자. 온전히 나를 위한, 나답게 말하는 블록을 쌓아가며 일상에서 관계의 기쁨이 가득하길 진심으로 응원한다. 당신도 말 잘할 수 있다.

**내성적이지만
말 잘하고 싶습니다**

초판 1쇄 인쇄 2025년 3월 10일
초판 1쇄 발행 2025년 3월 17일

지은이 | 조현지
펴낸이 | 박찬근
펴낸곳 | (주)빅마우스출판콘텐츠그룹
주　소 | 경기도 고양시 덕양구 삼원로 73 한일윈스타 1422호
전　화 | 031-811-6789
팩　스 | 0504-251-7259
이메일 | bigmouthbook@naver.com
편　집 | 미토스
표지디자인 | 강희연
본문디자인 | 디자인 [연;우]

© 조현지

ISBN 979-11-92556-36-9 (03320)